ISBN 978-3-649-63666-3

© 2020 Coppenrath Verlag GmbH & Co. KG,
Hafenweg 30, 48155 Münster, Germany
Textsatz & Grafische Gestaltung: Thomas Wolters, Internetlitho
Redaktion: Kai König und Anna Louisa Duckwitz

Printed in Slovakia

www.coppenrath.de

Josef,
was hat der denn geraucht?

Mit Illustrationen
von Thorsten Saleina

COPPENRATH

Inhalt

Frieden!

von Käthe Lachmann

Ich freute mich über die Lichterkette, die ich am Balkon angebracht hatte. Vor allem fand ich prima, dass sie solarbetrieben war und trotz des trüben Novemberwetters funktionierte. Auch Gerry schien Spaß daran zu haben, unseren Balkon schon von Weitem am Glitzern zu erkennen, wenn er abends nach der Arbeit nach Hause kam.

Eines Abends, er deckte gerade den Tisch fürs Abendbrot, während ich noch am Computer saß, rief er mir zu: „Heute war ich kurz irritiert, weil unsere Nachbarn anscheinend jetzt auch eine Lichterkette auf ihrem Balkon haben."

Mir war das noch nicht aufgefallen, ich klappte den Computer zu und ging gucken. Tatsächlich, unsere Nachbarn, Marcel und Tobias, hatten ihren Balkon nun auch geschmückt. Nur war ihre Lichterkette etwa doppelt so lang wie unsere und auch etwas dicker. Ich setzte mich an den Tisch und Gerry reichte mir den Brotkorb: „Ich hatte unsere Kette gar nicht als so klein in Erinnerung. Die von den Nachbarn sieht man schon von der Kreuzung. Unsere sieht man

eigentlich erst, wenn man hier vor dem Haus steht."
Ich wusste, was in ihm vorging, denn mir ging es
ähnlich. Etwas in mir wollte nicht, dass unsere Nachbarn die „bessere" Lichterkette hatten. Oder, so erklärte ich es mir schnell, ich wollte unseren Balkon
einfach auch besonders schön geschmückt haben.
„Vielleicht sollten wir eine zweite aufhängen? Auch
wegen der Ausgewogenheit, wegen des Gesamt-
bildes", bemerkte Gerry. „Ich bringe morgen noch
eine aus der Stadt mit."
Es ging ihm also tatsächlich wie mir und ich lächelte
ihn zustimmend an.

„Der ist aber wirklich auch toll!" Mit glänzenden
Augen betrachtete ich anderntags den großen Stern,
den Gerry zusammen mit einer gartenschlauch-
dicken Drei-Meter-Lichterkette mitgebracht hatte.
Er steckte ihn in die Steckdose und ein freundliches
Strahlen erschien. „Wunderschön! Wir könnten ihn
in den Blumenkasten stecken!" Gesagt, getan. Die
Lichterketten hatten wir sowieso schon mit einer
Zeitschaltuhr verbunden, jetzt schlossen wir den
Stern auch daran an. „Sobald es dämmert, strahlt
und funkelt unser Balkon vorweihnachtlich, ist das
nicht toll?" Arm in Arm betrachteten wir unser Werk.

Am übernächsten Abend kam ich erschöpft von einem Kundenbesuch zurück. Die Webseitengestaltung für diesen Kunden war langwierig und schwierig, weil er sich immer an seinem direkten Konkurrenten orientierte und es dann unbedingt „besser" machen wollte als dieser. Anscheinend ging es dem Konkurrenten aber mit ihm genauso und ihm fielen fast täglich Neuerungen ein, die mein Kunde dann auch für sich beanspruchte, selbst wenn ich sie für überflüssig hielt oder fand, dass sie zu „unserem" Webauftritt überhaupt nicht passten. Auf der anderen Seite war es natürlich nicht schlecht, dass sich alles so hinzog, schließlich wurde ich nach Stunden bezahlt.

Ich hatte erst eine Straße weiter einen Parkplatz gefunden und staunte nicht schlecht, als ich mich unserem Haus näherte. Es hatte in den letzten Stunden ein wenig geschneit und alles sah so friedlich aus unter der zarten weißen Schneeschicht und in diesem Winterwunderland schien unser Balkon noch mehr zu strahlen als sonst. Aber Moment, daneben funkelte es weit mehr als bei uns! In verschiedenen Farben blinkte ein riesiger Stern auf dem Nachbarbalkon. Das hatte zwar was von einem Rummelplatz, aber – irgendwie sah es schon auch sehr besonders aus. Plötzlich kam mir unser Balkonschmuck geradezu mickrig vor. Ein Stern, der nur in einer Farbe leuchtete, na ja, und eben die Lichterketten. In derselben Farbe. Wieso waren wir nicht darauf gekommen, auch mal mit Grün und Rot und Gold zu arbeiten, statt nur mit weißem Licht zu dekorieren?

Auf dem Weg zu meinem Kunden hielt ich anderntags bei einem großen Baumarkt. Schnell hatte ich etwas Besonderes entdeckt: einen Nikolaus, der an einem Seil hinaufkletterte. Wenn man ihn mit einer weiteren Lichterkette versehen würde, wäre er gewiss auch abends ein Blickfang. Außerdem gab es Sterne, die in allen Regenbogenfarben blinkten. Davon legte ich zwei in den Einkaufswagen, bezahlte und machte mich, „Chestnuts roasting on an open fire" vor mich hin summend, auf den Weg zu meinem Termin. Ich hatte schon genau im Kopf, wie wir alles auf unserem kleinen Weihnachtsparadies arrangieren würden.

Ich staunte nicht schlecht, als ich abends sah, dass mein Mann wohl eine ähnliche Idee gehabt haben musste: Eine Girlande aus Plastik-Eiszapfen mit blauen LEDs verlieh dem Hamburger Schmuddelwetter einen frostigen Touch. Wir aßen nur schnell ein Schnittchen zusammen, um vor dem Zubettgehen noch den Nikolaus windsicher baumeln lassen zu können, und mit weiteren Mehrfachsteckdosen brachten wir die beiden neuen Sterne zum Blinken. Erschöpft fielen wir ins Bett und trauten unseren Augen nicht, als wir im Morgendunkel in die Küche kamen: Vom Nachbarbalkon ging ein derartiges Leuchten und Blinken aus, als befände sich nebenan eine Diskothek.

„Jetzt reicht es langsam! Was wollen die denn noch alles aufbauen? Das hält doch der Balkon gar nicht aus!" Gerry klang richtig genervt.

Während ich bei meinen Kunden saß und mich darüber ärgerte, dass er meine schön schlicht gestaltete Website mit immer weiteren Bildern und Links verunstalten wollte, ertappte ich mich dabei, wie ich auf meinem Notizblock einen Engel skizzierte, mannshoch und – natürlich – hell strahlend. So etwas musste doch irgendwo zu finden sein!
Natürlich gab es so einen Engel im Internet und bald prangte er wunderschön an der Balkonbrüstung. Schon längst hatten wir die Zeitschaltuhren ausgeschaltet und ließen alles rund um die Uhr am Strom. Was für ein Anblick! Auch an diesem nieseligen

Samstagmorgen, als ich den Müll hinunterbrachte, konnte ich mich an unserem Balkon nicht sattsehen und versuchte, den fast noch gleißenderen Balkon nebenan auszublenden, als ich fast in Tobias gelaufen wäre. Unser Nachbar schüttelte fassungslos den Kopf, als er sagte: „Ist euch das nicht peinlich? Uns unsere Balkondeko nachzumachen, ach, was sag ich, uns ständig übertrumpfen zu wollen? Das sieht schon lange nicht mehr schön aus, geschweige denn weihnachtlich, was ihr da auf eurem Balkon veranstaltet, ey, ich finde das wirklich daneben!"

In mir kochte es und ich öffnete das Ventil: „Wir? Wer hat denn angefangen? Und wer meint denn, seinen Balkon in eine Lasershow verwandeln zu müssen? Wir müssen mit geschlossenen Rollläden in der Küche sitzen, weil uns das Geblinke und Geleuchte verrückt macht!"

„Seid froh, dass ihr das nur in der Küche habt! Euer Balkon macht unser Wohnzimmer unbewohnbar! Das hat nichts mehr mit festlichem Adventsschmuck zu tun, das grenzt an optische Belästigung!" Tobias drehte sich auf dem Absatz um und ich war mir nicht sicher, ob er noch viel von meinem „Selber! Ihr könnt doch selbst nicht genug kriegen! Schön ist was anderes! WIR haben ja Geschmack!" mitbekam.

Wutschnaubend fuhr ich zu meinem Kunden. „Gucken Sie mal, die Hirschvogel-AG hat jetzt diesen blinkenden Kontaktbutton, so was möchte ich auch, aber größer!" Herr Schad empfing mich mit aufgeklapptem Laptop und patschte aufgeregt wie ein Dreijähriger auf die völlig unübersichtliche, billig aussehende Website seines Konkurrenten. Ich seufzte. Dann fing ich an, mein übliches „Weniger ist mehr"-Mantra herunterzubeten, zum tausendsten Mal zu erklären, warum ich eine schlichtere und weniger vollgeladene Webseite empfahl, und wunderte mich, wie ein erwachsener Mann so besessen davon sein konnte, alles mindestens genau so toll haben zu wollen wie sein vermeintlicher Nebenbuhler.

Es waren nur noch drei Tage bis Weihnachten und unsere Nachbarn hatten inzwischen noch einen Schlitten mit Rentieren, Geschenken und Weihnachtsmann fast in Originalgröße angebracht, sämtliche andere Fenster mit Weihnachtspyramiden und Lichterketten versehen und mehrere Nikoläuse geholt, die an der Fassade hochzuklettern schienen. Gerry und ich mussten uns gegenseitig davon abhalten, ihren Weihnachtsschmuck großflächig abzureißen, und Gerry hatte sogar anonym bei der

Hausverwaltung angerufen und sich über „Lichtverschmutzung" beschwert. Anscheinend hatte das jemand anders auch wegen unserer Deko gemacht (bisher noch erweitert um: einige riesige, leuchtende Päckchen; eine Coca-Cola-Leuchtreklame aus einer Raststättenrenovierung; einen mit Kunstschnee besprühten, funkelnden Plastikweihnachtsbaum zum Zusammenstecken), denn auch wir hatten einen Brief von denen im Kasten, den wir vorsichtshalber nicht öffneten, weil wir uns das schöne Fest nicht verleiden lassen wollten. Natürlich hatte nicht mehr alles nur auf den Balkon gepasst und wir hatten auch das Dach und andere Fenster mit einbezogen, was wir aber ganz stimmig fanden.

Als „Clou", wie er sagte, brachte Gerry noch am Heiligabend, kurz nach Ladenschluss, einen fast mannshohen, leuchtenden Schneemann mit, den wir mit Müh und Not zwischen all die Dekoration auf dem Balkon quetschen konnten. Während wir Stecker umsteckten und Kabel neu verlegten, Mehrfachsteckdosen umsortierten und alles mit Draht windfest machten, bemerkten wir, dass auf dem Nachbarbalkon anscheinend genau der gleiche Schneemann ebenfalls ein mickriges Plätzchen gefunden hatte.

„Haha, das sieht aber alles andere als irgendwie weihnachtlich und stimmungsvoll aus bei euch!", konnte Gerry sich nicht beherrschen, zu unseren Nachbarn hinüberzurufen.

„Das sagt gerade der Richtige!", schrie Marcel wutentbrannt. „Bei euch sieht es aus, als wäre auf eurem Balkon die" – wir würden nie erfahren, wie es bei uns aussah, denn in dem Moment, als Gerry, wie ich bemerkte, gleichzeitig mit Tobias den Hauptstecker in die Steckdose steckte, gab es einen lauten Knall und sämtlicher Strom war weg. Kein Licht leuchtete mehr, alles war dunkel und still. Auch bei unseren Nachbarn. Und zwar nicht nur bei Tobias und Marcel, nein, alle Fenster waren auf einmal dunkel.

„Oh", sagte Gerry und rannte hinein, um nach der Sicherung zu sehen. Dasselbe schienen Tobias und Marcel im Sinn zu haben, denn Marcel rief seinem Mann zu: „Guck mal nach der Sicherung!" Gerry kam achselzuckend wieder auf den Balkon: „Die geht nicht wieder rein, die Sicherung, da ist irgendwas kaputt."

Von drinnen hörte ich, wie gegen unsere Tür gehämmert wurde. Im Flur erkannte ich wütende Stimmen von allen möglichen Nachbarn: „Das habt ihr nun davon, von eurem blöden Wettrüsten! Und wir müssen drunter leiden! Heiligabend und kein Strom! Ihr Vollidioten!", schallte es uns entgegen.

„Oh-oh", machte Gerry, „da ist wohl jemand richtig sauer ... Komm, wir gehen lieber wieder auf den Balkon!" Unseren direkten Nachbarn schien es ähnlich zu gehen. Sie standen dick eingemummelt draußen.

„Ärger mit den Nachbarn?", rief Tobias herüber. „Wir auch!"

„Ich versuche es mal beim Elektriker-Notdienst", ließ Gerry sie wissen.

„An Heiligabend? Kannste vergessen!", meinte Marcel.

Ich ging in die Küche und machte mir mit meinem Handy Licht. Mist, wo konnte denn noch eine Kerze sein? Ich fand zuletzt in der letzten Schublade, ganz hinten, noch einen Karton voller Ikea-Kerzen. Aber wo war nur ein Streichholz?

Gerry kam in die Küche: „Haben wir noch ein paar Kerzen für Tobi und Marcel?", fragte Gerry. Mit dem Wort „Frieden?" reichte ich ihm eine Handvoll. Unserer Nachbarn freuten sich und tauschten gegen ein Schächtelchen Streichhölzer.

„Wollt ihr rüberkommen, wenn der Mob sich beruhigt hat? Ich meine, es ist Heiligabend und wir könnten zusammen feiern – wenn ihr mögt. Wir haben sowieso kaltes Essen geplant für heute Abend, kommt doch rum!"

Wir sahen uns an. Wie nett, dachte ich. „O.k.!", rief Gerry und wir packten Kekse, Lebkuchen, noch mehr Kerzen und zwei Flaschen Wein in einen Korb, warteten, bis die restlichen Hausbewohner abgezogen waren, und klopften dann bei Tobi und Marcel. Die hatten inzwischen Unmengen Sushi-Zutaten auf ihrem Esstisch aufgebaut und begrüßten uns herzlich. Es war, als hätte es nie irgendein Wettrüsten gegeben. Einträchtig rollten wir unser Sushi, tranken Wein im Kerzenschein und hatten ein so herrliches Weihnachten wie lange nicht.

„Fahrt ihr weg zwischen den Jahren?", fragte Marcel, bevor er sich ein weiteres California-Röllchen in den Mund stopfte.

„Ja", antworteten Gerry und ich synchron und Gerry führte aus: „Bei uns geht's am Ersten ein paar Tage Ski fahren."

„Silvester?"

„Da machen wir nichts, wir wollen anderntags sehr früh los."

„Witzig, wir fliegen auf die Kanaren am Ersten, auch in aller Herrgottsfrühe, uns bedeutet Silvester nicht viel."

„Uns auch nicht. Vielleicht gibt es eine Wunderkerze, aber dann rasch in die Heia!"

Es war ein richtig schönes Weihnachtsfest, und als wir uns ein paar Tage später im Supermarkt begegneten, bekräftigten wir, wie nett das doch gewesen war. Ich war aber ein wenig erstaunt, als ich in den Einkaufswagen meiner Nachbarn guckte: Zwischen Klopapier, Milchtüten und Gemüse staken Silvesterraketenpackungen hervor.

„Na, doch anders überlegt?", fragte ich grinsend und zeigte darauf.

„Na ja, ein bisschen Glitzer muss schon sein, nicht viel, nur ein Paar Raketen", ließ Marcel uns wissen und Tobias unterstrich das mit nickendem Schulterzucken.

Als wir uns von unseren Nachbarn verabschiedet hatten, sahen wir uns an: „Vielleicht doch nicht nur Wunderkerzen, oder?", fragte Gerry.

Ich nickte und schob meinen Mann zur Pyro-Abteilung. Vielleicht hatte Herr Schad doch recht und mehr war mehr.

Stille Nacht

von Christian Ude

An der Wittelsbacherbrücke steht ein stattliches Jugendstilhaus mit einem stolzen Erker, von dem aus man einen herrlichen Blick auf die Isar und den Nockherberg hat. Alte Münchner kennen dieses Haus am Baldeplatz, weil im Erdgeschoss jahrzehntelang das Eiscafe Ranftl einen legendären Ruf genoss. Man musste Schlange stehen, um hier am Wochenende nach einem Radlausflug an der Isar ein Eis zu bekommen. Die Betreiberin des traditionsreichen Ladens wohnte im Haus ein Stockwerk höher, außerdem lebten da ein sehr altes jüdisches Ehepaar mit der erwachsenen Tochter, ein Lehrer mit Lebensgefährtin, ein Architekt, der das Dachgeschoss selbst ausgebaut hatte, eine studentische Wohngemeinschaft und der türkische Hausmeister mit Familie, der im Haus alles heimlich reparierte, was der neue Hausbesitzer kaputt machen ließ.

Der neue Hausbesitzer, das war der umsatzstärkste bayerische Laborarzt, der sich auf seinem Briefpapier gleich als ganz besonders kultivierter Mensch zu erkennen gab: Dr. med. German Weiß, Laborarzt – Komponist – Schriftsteller. Er wollte das Haus vollständig leer bekommen, um es aufwendig saniert und umgebaut in Eigentumswohnungen aufteilen und mit Riesengewinn weiterverkaufen zu können. Er stand kaum im Grundbuch, da hatte er schon das Eiscafe Ranftl gekündigt und damit eine Altmünchner Tradition zerschlagen. Für gewerbliche Mieter gibt es bekanntlich keinen Schutz. Gleichzeitig häuften sich die Pannen im Hause: Da fehlten plötzlich Ziegel am Dach, sodass es durchregnen konnte. Treppenhausfenster gingen zu Bruch, und der Wind pfiff durch die Gänge. Das Haustürschloss wurde demoliert, die Tür stand einladend offen. Aber das konnte der Türke auf eigene Faust alles wieder in Ordnung bringen.

In der nächsten Runde landete Dr. Weiß den großen juristischen Bluff: Das Haus habe einer Gesellschaft gehört, und er habe nicht das Haus, sondern die Gesellschaft gekauft, sodass der Grundsatz aus dem Bürgerlichen Gesetzbuch, wonach die Mietverträge beim Verkauf eines Hauses weiter gelten, hier keine Anwendung finde; zwischen ihm und den Bewohnern gebe es überhaupt keine vertragliche Beziehung, weshalb sie zur sofortigen Räumung verpflichtet seien …

Die meisten Mieter ließen sich dadurch nicht schrecken, aber die älteren waren um den Schlaf gebracht. Vor allem das jüdische Ehepaar wollte nicht einsehen, dass kein Grund zur Unruhe bestand, wo doch mehrere Rechtsanwälte mit ihrem guten Namen auf dem Briefkopf der Räumungsaufforderung standen. Um dem Spuk ein Ende zu machen, erhob ich für sämtliche Mietparteien Klage mit dem Antrag, das Gericht möge feststellen, dass die Mietverhältnisse unverändert fortbestehen. Wir gewannen in beiden Instanzen, und Dr. Weiß blieb auf stattlichen Prozesskosten sitzen. Doch damit wechselte nur das Feld der Auseinandersetzung. Als Nächstes zogen nämlich Penner in eine bereits leer stehende Wohnung im ersten Stock ein, vom Hausbesitzer als persönliche Freunde vorgestellt, die so ungeschickt mit ihrer elektrischen Kochplatte umzugehen wussten, dass der Qualm das ganze Treppenhaus füllte und die alten Mieter der Obergeschosse in Panik versetzt wurden.

Was anschließend geschah, ist durch Zeugenaussagen belegt. Dr. Weiß beauftragte einen gewissen Manfred Huber „mit der Entmietung". Wiederholte Besuche beim türkischen Hausmeister zu nächtlicher Stunde (wenn dessen Kinder endlich eingeschlafen waren) blieben ohne den gewünschten Erfolg. Dafür erschien in der „Süddeutschen Zeitung" vom 17.11.84 unter der Rubrik „Verschiedenes" folgende Annonce:

„Übungsräume für Musiker
Baldeplatz, von privat
preisgünstig zu vermieten.
Telefon…"

Tatsächlich meldeten sich bald verschiedene junge Leute bei der angegebenen Nummer, unter der Manfred Huber zu erreichen war, der die gewerblichen Räume im Erdgeschoss, die Wohnung im ersten Stock und Räume unter dem Dach als Musikübungsräume anbot. Von sich aus betonte er, man könne selbstverständlich auch am Sonntag üben. Auf die Frage des Rockband-Leaders, ob man auch an Weihnachten spielen dürfe, antwortete er höflich: „Hauptsache, dass es aus jeder Ecke heraus und mit voller Lautstärke tönt."
Die Mietverträge mit den Musikern wurden mit Wirkung ab 1. Dezember geschlossen. Fast hätte der Vermieter vergessen, überhaupt einen Mietzins zu verlangen, er war dann aber schnell mit 150 DM für

die Wohnung zufrieden. Ladenräume im Dachgeschoss gingen noch billiger weg.

Nun hätte der Lärmterror losgehen sollen: Rockmu-
sik aus der ehemaligen Eisdiele, Dixieland im ersten
Stock, New-Wave unterm Dach, das alles bis zum
späten Abend und am Wochenende – und vor allem
an Weihnachten, wo man in ganz München keinen
Richter auftreiben kann, der mit einer einstweiligen
Verfügung die lärmenden Musikanten in die Schran-
ken weisen würde.

Aber es kam anders. Die Mieter des Hauses Wittels-
bacherstraße 16 hatten in jenem Jahr besonders stille Weihnachten. Die Musiker gaben keinen Ton von
sich – denn sie waren gar keine. Die drei „Band-
leader" waren in Wahrheit ein Mitarbeiter meiner
Kanzlei, ein Freund und ein Reporter der „Süddeutschen Zeitung". Eine Mieterin war zufällig auf die
Anzeige gestoßen und durch die Anschrift „Baldeplatz" misstrauisch geworden. Sie alarmierte mich –
und ich schickte die drei Strohmänner vor. In der
Silvesterausgabe konnte man ausführlich die Geschichte von Münchens dümmstem „Entmieter" le-
sen, der nicht einmal durch die Namen der
Musikgruppen hellhörig geworden war: „Lodger's
friends" (Mieterfreunde) hieß die Dixieland-Gruppe.

Die Rockband firmierte unter dem sinnigen Namen „Eternal Repose": Ewige Ruhe.

Nachtrag: Die nächsten Wochen warteten wir vergeblich auf die Kündigung unserer Mietverträge wegen „unterlassener Ruhestörung". Der professionelle Entmieter, den wir auf so blamable Weise in der Zeitung bloßgestellt hatten, setzte sich ins Ausland ab. Trotzdem mündete die Geschichte nicht in einem Happy End: Da die Verwahrlosung des Hauses voranschritt und die zermürbenden Verhandlungen und Prozesse kein Ende nehmen wollten, die Abfindungsangebote an die Mieter aber stiegen, entschlossen sich dann doch alle Bewohner, gegen Entschädigungen zwischen 60.000 und 80.000 DM umzuziehen. Dies aber immerhin musste Dr. Weiß bezahlen, weil die Mietvertreibung mit Musik so kläglich misslungen war.

Weihnachtskrisen

von Daniel Glattauer

Wer zu Weihnachten nicht streitet, versäumt die beste Zeit dafür. In allen Ecken und Nischen eines Weihnachtshaushaltes lauern Anlässe. Viele der Haushaltsmitglieder sind bereits seit Mitte Advent „mit den Nerven fertig", was den Vorteil hat, dass sie zu Weihnachten keine mehr haben und somit nervenfrei zum ersten Streit antreten können. Das Epizentrum der potenziellen Streitausbrüche liegt in der Kernfamilie (Mutter, Vater, Kind) oder in der Populärfamilie (Exfrau, Baby aus soeben beendeter Lebensabschnittspartnerschaft, Exmann, gemeinsamer Rauhaardackel, neue Freundin, deren Tochter und ihr Freund, ein Piercingstudio-Betreiber mit viel Eigenwerbung im Gesicht). Um die Streitkultur zu bereichern und variantenreicher zu gestalten, empfiehlt es sich aber, auch Personen außerhalb des engsten Familienkreises mit einzubeziehen, die man jenseits der Feierlichkeiten nur selten zu Gesicht bekommt. Man denke etwa an die zugeheiratete, aber inzwischen erfolgreich verwitwete Großtante väterlicherseits, deren Erbschaftsverhältnisse noch nicht geklärt sind.

Wer mit dem jeweiligen Streit beginnt, ist egal. Es gibt ohnehin immer ein Wort das andere, bis man sein eigenes nicht mehr versteht. Auf Schuldgefühle kann von Anfang an verzichtet werden, denn jede der Weihnachtsstreitparteien ist prinzipiell im Recht. Kurze Verschnaufpausen sind ideale Gelegenheiten für herzzerreißende Versöhnungsszenen – zum Beispiel vor der Bescherung oder vor dem Weihnachtsmahl. Dabei können sich die Teilnehmer mental kräftigen, um den Streit mit doppelter (Laut-)Stärke wieder aufzunehmen – zum Beispiel nach der Bescherung oder nach dem Weihnachtsmahl.

Wer im Überangebot widriger Weihnachtsumstände nicht weiß, mit wem und worüber er zuerst streiten soll oder wem es schlichtweg an Konfliktpotenzial mangelt, dem sei eine längerfristige Weihnachtskrise anzuraten. Folgende Weihnachtskrisen gelten als seriös und haben sich über Generationen hinweg bewährt und weiterentwickelt:

Die Vorweihnachtskrise

Sie beginnt frühestens am ersten kühlen Sommertag und endet spätestens am Heiligen Abend. Der Betroffene leidet chronisch darunter, immerzu an Weihnachten denken zu müssen. Oft ist dieser Gedanke mit Übelkeit verbunden. („Wenn ich an Weihnachten denke, wird mir schlecht.")

Therapieansatz: Nicht an Weihnachten denken. Zugegeben, das ist schwierig, denn ab November erinnert nichts mehr nirgendwo nicht an Weihnachten. Einzig der Weihnachtspunsch hat eine Doppelfunktion. Einerseits ist er der Inbegriff der weihnachtlichen Vergeistigung, andererseits bietet er die Möglichkeit, Weihnachten zu vergessen, wenn man genug von ihm erwischt. Aber auch seine Wirkung lässt einmal nach. Die Heilungschancen des von der Krise Befallenen sind also gering. Sogar Philosophen sind im Streit: Könnte man selbst bei konsequenter Ausschaltung aller weihnachtsspezifischen Sinneseindrücke über Weihnachten hinwegdenken? Wo denkt man da hin? Und, vor allem: Wie kommt man dorthin?

Die Weihnachtskrise

Stellt sich oft nach gelungener oder abgeklungener Vorweihnachtskrisenbewältigung ein. Das Problem: Weihnachten erweist sich als schlimmer, als man gedacht hätte. Der Betroffene fühlt sich wie vom Christkind bestellt, aber von den Schwiegereltern heimgesucht. Der Schatten seiner selbst, als der er sich wahrnimmt, steht seinerseits im Schatten des

Christbaums. Das Büro – oft letztes Asyl – hat über die Feiertage geschlossen, die Vierschanzentournee der Skispringer noch nicht begonnen. Sogar zur weihnachtlichen Lethargie fehlt der Antrieb.

Therapieansatz: Drei- bis fünfmal täglich zwanzig bis dreißig Weihnachtskekse, zerkaut oder im Ganzen. In heiklen Situationen in Alkohol aufgelöst.

Die Nachweihnachtskrise

Die vergleichsweise angenehmste aller Weihnachtskrisen. Ist man sich ihrer einmal bewusst, ist sie so gut wie ausgestanden. Oft erschöpft sie sich in der rhetorischen Frage des Betroffenen: „Was waren das denn für Weihnachten?" Man leidet unter dem Gefühl, dass einem wieder einmal nichts geschenkt wurde. Zumindest nichts, was sich umtauschen ließe, wie zum Beispiel der engste Personenkreis. So startet man das neue Jahr immunschwach, mit Niedrigenergie und wenig Lust am familiären oder gar geselligen Leben.

Therapieansatz: Fasching. In härteren Fällen: Fastenzeit.

Die Lebenskrise

Wenn die Vorweihnachtskrise in die Weihnachtskrise

übergeht, die dann von der Nachweihnachtskrise abgelöst wird, und man sich zwischen Nachweihnachtskrise und der nächsten Vorweihnachtskrise in einem Sommerloch befindet, dann spricht man von einer Lebenskrise. Sofern man überhaupt noch spricht.
Therapieansatz: Malediven. Astronautenausbildung, Reinkarnation.

Jenseits allgemeiner und allgemein verständlicher Weihnachtskrisen gibt es jede Menge anlassbezogener Möglichkeiten, Streit zu entfachen, anzufeuern, köcheln oder ausufern zu lassen. Hier einige Klassiker.

Der Doppelbelastungsstreit

Die streitsuchende Person, zumeist weiblichen Geschlechts, behauptet, sämtliche mit Weihnachten verbundenen manuellen und organisatorischen Tätigkeiten (bezogen auf eine Woche und drei bis zehn Personen) müssten von ihr verrichtet werden. Sie behauptet es allerdings zu einem Zeitpunkt, da die Arbeit so gut wie erledigt ist. Deshalb sind dem Angesprochenen (bzw. Angeschrienen) die Hände gebunden. Sein Argument, man könne sich viel Arbeit sparen, indem man sie nicht sehe, bringt den Streit zum Eskalieren.

Der Verpackungsstreit

So schön wie im verschachtelten, umhüllten, festlich verschnürten und mit Schleife versehenen Zustand präsentieren sich die meisten Gegenstände nie wieder. Auf der Verpackung lastet deshalb enormer Druck, Weihnachtspapier bietet eine immense Angriffsfläche. Hier nur eine der zahlreichen Streitmöglichkeiten – die Daumenprobe: Sie packt die Geschenke ein. Er steht daneben und schüttelt den Kopf. Sie bittet ihn unfreundlich, als Symbol für die Willensbereitschaft, am Weihnachtsfest mitzuwirken, seinen Daumen auf einen ersten Geschenkbandknoten zu legen, damit sie einen zweiten knüpfen kann.

Variante 1.) Sie zieht kräftig zu. Er schreit auf, verflucht die Festtage und zweifelt am Sinn einer (phasenweise) monogamen Lebensgemeinschaft, zu deren emotionalen Höhepunkten das Verpacken von Geschenken zählt.

Variante 2.) Er nimmt seinen Daumen zu früh weg, sodass sich der Knoten lockert. Ihr fallen spontan drei Männer ein, die den Daumen für sie drei Tage auf der von ihr zugewiesenen Stelle gelassen hätten. Unmittelbar danach leitet sie einen Satz mit den Worten „Du bist ja nicht einmal fähig" ein. Mehr braucht sie nicht zu sagen, den Rest erledigt Weihnachten.

Der Karpfenstreit

Der gebackene Karpfen glänzt unter der dunkelbraunen Panade schmutzigrosa und riecht (wie die gesamte Wohnung) nach Karpfen. Wonach er schmeckt, kann nicht gesagt werden, weil er nicht verkostet wird, solange er nach Karpfen riecht. Streitfrage: Warum muss es ausgerechnet am Heiligen Abend Weihnachtskarpfen geben? Warum nicht grätenfreien Weihnachtsschweinsbraten mit Weihnachtsrotkraut und Weihnachtsknödeln?

Der Höhepunkt der Streits ist erreicht, wenn sich beide Streitparteien weigern, den unverspeist gebliebenen Speisekarpfen zu entsorgen.

Der Verwandtschaftsstreit

Dieser Konflikt ist facettenreich und wie geschaffen für Weihnachten. Die simple Streitform besteht darin, dass sich die jeweilige Streitpartei weigert, das Kind seiner Eltern zu sein, und umgekehrt. Kompliziert wird es, wenn sich die Streitpartei weigert, die Frau des Sohnes ihrer Schwiegermutter (oder der Mann der Tochter seines Schwiegervaters zu sein). Weigert sich allerdings nur die Frau, die Frau des Sohnes ihrer Schwiegermutter zu sein, nicht aber der Mann, der Sohn seiner Mutter zu sein, so liegt eine der reinsten Formen des Ehestreits vor. Auch anwesende Tanten, Onkel, Neffen, Nichten, Cousins, Cousinen, Omas und Opas sind aufgerufen, ihren Beitrag zu leisten. Am Höhepunkt der Streitigkeiten empfiehlt sich die Bescherung.

Der Bedienungsanleitungsstreit

Nach der Bescherung steigt die Streitanfälligkeitskurve noch einmal rasant an. Alle Beteiligten haben sich mit der Freude über die erhaltenen Geschenke verausgabt, müssen den Spendern aber noch beweisen, wie wertvoll ihnen die soeben erhaltenen Gaben sind. Bücher lassen sich rasch mit Begeisterung durchblättern, Westen und Pullis verklärt anziehen, Ketten, so hässlich sie auch sein mögen, lustvoll um den Hals legen. Aber wie erweist man dem neuen Dampfgarer die Ehre? Richtig, man muss ihn in Betrieb nehmen. Wer hilft mit? Alle, die nichts zu tun haben. (Also alle außer den Kindern.) Bei normalem Verlauf eines weihnachtsfamiliären Massenstudiums der Dampfgarologie, unter Verwendung der in 5. Übersetzung unsanft im Deutschen gelandeten Gebrauchsanleitung, wechselt das Gerät nach einer Stunde den Besitzer und kehrt aus den Händen des traumatisierten Beschenkten in jene des schikanösen Spenders zurück. Danach ist der Abend gelaufen.

Der Stefanitagstreit

Ein Weihnachtsabend mit ihrer Verwandtschaft und ein darauffolgender Weihnachtstag mit seiner Verwandtschaft wären an sich familiär genug für die nächsten paar Jahre gewesen. Nein, es muss noch der schul- und arbeitsfreie 26. Dezember, der Stefanitag, folgen. Er bietet einen äußerst gesunden Nährboden für den Rumpffamilienzwist. In jedem Winkel zwischen Minuten- und Sekundenzeiger lauert die Eskalation. Wer sie rauszögern will, halte sich an folgenden Programmvorschlag: schlafen, solange das geschlossene Auge hält. Die Kinder im Nebenzimmer haben indes Gelegenheit, sich mittels Crashtests von unliebsamen Geschenken zu befreien. Danach Mittagessen bei McDonald's mit anschließendem Verdauungsspaziergang. (Bei klassischem Weihnachtswetter eine Runde um McDonald's, bei Schönwetter zwei.) Am Nachmittag dösen. Wem das zu anstrengend ist: schlafen. Am Abend: Weihnachtsresteessen vor dem Fernseher. Danach könnte er seine ersten Worte des Tages an sie richten. Zum Beispiel: „Ich bin müde." Sie könnte mit einer Frage reagieren. Zum Beispiel: „Wie meinst du das?" – Damit ist der möglicherweise heftigste Streit der Saison eröffnet.

Der Mohn ist ausgegangen –

wie man 1945 Mohnkließla machte

von Dieter Hildebrandt

Man muss, ob Mann ob Frau, kochen können in diesen genussfreudigen Zeiten. Spitzenköche beherrschen die Prominentenszene. Wer etwas auf sich hält, kocht mit Berti, Bruni, Bio oder schreibt Kochbücher, wird Menu-Referent in Großkonzernen, Juryteilnehmer bei Kochmeisterschaften oder eröffnet Agenturen für internationale Meisterköche. Gaumenfestivals und Gipfeltreffen der Superköche werden vorbereitet und sehr bald werden wir die so lange schmerzlich vermisste Lukulliade besuchen können. Wunderschöne Preise sind bereits zu gewinnen: der Goldene Tiegel von Aix en Provence, die Siegespfanne von Vilsbiebichstein, der Krummenreuther Kochlöffel und die Lederzunge der Uckermark.

Der deutsche Spitzpreisenverzehrer mit dem sensiblen Gaumen, der Weinkenner mit dem überlegenen Wissen um die Genealogie jeder einzelnen Rebe haben die Szene betreten.

Der deutsche Festmahl-Trampel hat ausgedient. Er befindet sich in der Champions League der Topgourmets. Seine Kritikfähigkeit hat erstaunlich zugenommen. Aber auch seine Kritikwilligkeit. Ich glaube gehört zu haben, dass eine Dame in einem teuren Restaurant spitz bemerkte: „Probier doch mal, Detlev, findest du nicht, dass der Kaffee korkt?"

Vielleicht habe ich mich verhört. Dies alles bedenkend, meine ich, dass es an der Zeit wäre, sich an historische Rezepte aus hungrigen Zeiten zu erinnern, solange man als Zeuge dieser Jahre noch Auskunft geben kann. Als meine Mutter uns am Weihnachtsabend 1945 zu Tisch bat, hatten wir gar keinen Tisch.

Vater, Mutter und Bruder (3) waren kurze Zeit vorher, im März des letzten Kriegsjahres, vom Pferdewagen heruntergestiegen und notdürftig in einem Zimmer untergekommen, das unmöbliert, aber heizbar war. Im Oktober war ich zu ihnen gestoßen, hatte ihre Adresse in den Flüchtlingskarteien gefunden und bereicherte die Wohngemeinschaft, die nun trotzig Weihnachten feiern wollte. Mutter sagte: „Vor ein paar Jahren noch hätte ich mir eines von diesen Kochbüchern genommen, in denen Rezepte vermerkt waren, die gewöhnlich so begannen ‚Man nehme sieben bis acht Kilo Rindfleisch …' und würde zwei bis drei Tage gekocht, gebrutzelt und gebacken haben, jetzt habe ich nicht einmal die Kochbücher mit auf die Flucht nehmen können."

Dass wir nun keinen Tisch hatten, auf den etwas zu essen kommen sollte, war halb so schlimm, denn mein Vater hatte eine alte Tür aus einer Hausruine geschenkt bekommen und die auf zwei Baumstümpfe gelegt, die er irgendwoher hatte. Erstaunlicherweise ist im Familienrat beschlossen worden, trotz aller Widrigkeiten die traditionellen schlesischen Mohnklöße zu essen. Tja, was nehme man denn da? Mutter meinte, da nehme man Mohn, Milch, Zucker, Semmel und streue darüber Puderzucker.

Im Oktober hatte diese Besprechung schon stattgefunden und die Nennung der nötigen Zutaten bewirkte ein großes Gelächter. Es war noch alles so, wie es bei Anbruch des Friedens schon gewesen ist. Was es da alles nicht gegeben hatte, gab es ein paar Monate später nicht nur nicht, sondern noch viel weniger. Das Einzige, was als Verbesserung der Lage anzusehen war: Es wurde nicht mehr geschossen. Und nun sollten in einer Zeit, in der man bayrische

Bauern um stecken gelassene Kartoffeln im Acker bestehlen musste, Mohnklöße auf die Tür! Auf den Tisch meine ich, der eine Tür war. Wir überlegten, besahen die Reste unseres Besitzes, Dinge, die in Panik auf den Pferdewagen geworfen wurden und nun nutzlos in den Ecken herumlagen, und verwandelten sie in unserer Fantasie in Lebensmittel.

Hier nun das Rezept, nach dem meine Mutter die Mohnklöße in gewohnter Friedensqualität hergestellt hat. Man nehme die Erinnerung zu Hilfe, die einem sagt: „Dünne Scheiben, von Semmeln gemacht, werden zuerst in süßlicher Milch gebrüht!!!" Woher nehme man sie, die Milch? Da nehme man den 6-Uhr-Zug, es fährt nur ein einziger früh am Morgen und einer spät am Abend, steige in Weiden (Oberpfalz) aus, versuche, einen Zug nach Nabburg zu bekommen und, wenn das gelingt, gehe man in südwestlicher Richtung zweieinhalb Stunden in ein Dorf, denn dort wohnt ein guter Bekannter aus der Gegend von Hirschberg, der bei einem Großbauern arbeitet, der zwar ein Beamter des Reichsnährstandes gewesen ist, aber der von diesem Bauern geduldet wird, weil er ein guter Melker zu sein scheint.

Natürlich war nicht daran gedacht, die Milch für die Mohnklöße auf diesem Hof zu erhalten. Es wäre auch zu gefährlich gewesen, weil der Bauer auf bettelnde Fremde in der Regel seinen Hofhund hetzte. Nein, meine Mutter hatte sich das viel geschickter ausgedacht. Nach zwei Tagen kehrte sie zurück und meinte, für die zu nehmende Milch wäre nun gesorgt. Mehr verriet sie nicht. Eine Woche später hielt ein klappriger Lastwagen vor dem Haus und holte unseren Teppich ab, der zu Hause unser „Herrenzimmer" geschmückt hatte. Dafür ließ er uns eine Ziege da. Für die Milch war gesorgt. Woher sollten aber die „dünnen Scheiben, von Semmeln gemacht" kommen?

Sie kamen auf folgende Weise: Unsere kostbaren zwei Pferde durften im Kuhstall des Müllers stehen, wofür Vater natürlich Gespanndienste leisten musste. Auf die schüchtern vorgetragene Frage, ob da nicht auch ein bisschen Mehl dabei herausspränge, kam vonseiten des Müllers ein Kopfschütteln. Zwei Tage später klopfte er an unserer Tür und machte einen Vorschlag, den der Vater, ohne lange zu überlegen, annahm. Es stellte sich heraus, dass der Müller auch Probleme hatte. Er wollte seiner Frau unbedingt ein neues Porzellanservice zu Weihnachten schenken, wusste aber nicht, wie er zu einer Tankladung Benzin kommen sollte, die der Abteilungsleiter der ortsansässigen Porzellanfabrik für das Service forderte. Er kannte aber einen Mann, der im Motor-Pool der US Army arbeitete, der Benzin in alle Richtungen laufen lassen konnte, dafür aber große Mengen erstklassiges Holz für den Winter forderte. Der Müller besaß ein ansehnliches Stück Wald und bot meinem Vater an, mit seinen zwei Pferden das geschlagene Holz aus dem Wald abzufahren und vor dem Haus des Benzinvermittlers aufzuschichten. Der Preis sollte ein Säckchen unbezahlbares Weizenmehl sein. Vater fuhr vier Tage lang. Aber das Mehl war da.

Nun aber verlangen die Mohnklöße Folgendes: „Dünne Scheiben von Semmeln … (der Semmelscheiben, die aus Porzellan, Benzin und Feuerholz entstanden sind) … werden zuerst in süßlicher Milch gebrüht … (die, wir erinnern uns, aus dem Teppich entstanden ist) und in Schichten sauber getürmt, indes für Zwischenräume der Lage jegliche Schicht durchnetzt geschmolzener Zucker …" Man nehme also Zucker. Woher?

Da nehme man wieder den Sechsuhrzug nach Weiden, steige in den Zug nach Regensburg und versuche, von dort aus in ein nahe gelegenes Obstanbaugebiet zu kommen. Nach ein, zwei Tagen könnte man dort angekommen sein. Mit ziemlicher Sicherheit trifft man auf dem Bahnhof Menschen, die auf dem Land Obst pflücken durften, das schon ein wenig angeschlagen war. Um ihnen einen Teil der Äpfel abzuschwatzen, hatte meine Mutter Ziegenkäse gemacht und tauschte nun die Milch der Ziege, die eigentlich unser Teppich gewesen ist, in Fallobst ein. Das nun schleppte sie nach Hause und gab es einer Lebensmittelhändlerin, die darüber klagte, dass ihre Kinder zu wenig Obst bekämen.

Nun hatten wir auch Zucker. Aber keinen Mohn. Woher soll man den in Bayern nehmen? Schlesien war ein Mohnanbaugebiet. Vor Christi Geburt schon gab es bei uns Mohn. Wer es nicht glauben mag, der sei daran erinnert, dass im schlesischen Dialekt das Wort „Mohgotl" vorkommt. Es bezeichnet einen Menschen, der ein bisschen dösig wirkt, verschlafen eben oder verträumt. Mohn macht dumm, hatte man uns als Kinder beigebracht. Damit ist vermutlich der Schlafmohn gemeint oder vielleicht gar der Mohn-Sirup Sirupus Papaverdis, der schon bei den Römern als Schlafmittel galt.

Es gibt Theorien, die einen Zusammenhang zwischen Mohn, den Goten und den Römern vermuten. Dass die Goten ein paar Hundert Jahre in Schlesien verbracht haben, bevor sie sich entschlossen, den

Untergang Roms zu beschleunigen und mit roher Gewalt ganz Italien heimzusuchen, muss ich nicht mehr erwähnen, denn das haben wir schon in der Schule gelernt. Hinzugelernt habe ich, dass ein Teil dieser Goten, es waren übrigens Süd-Goten, also ein Stamm, von dem man nie gesprochen hat, immer nur von den Ost- und Westgoten, die Mohnsüchtigen unter den Goten, an der Oder ausgesetzt hat, und dieses sind nun die bereits erwähnten „Mohgotl".

Ein solches muss der Mensch gewesen sein, der seinen Mohnvorrat verkaufen wollte für eine Packung Chesterfield. Für diese Packung haben wir schwere Opfer bringen müssen. Besonders unsere Ziege musste herhalten. 2 Liter Milch und Mutters schönster Ring für ein paar Schuhe, die an einen Mitarbeiter der PX in der Patton-Kaserne gingen. Der hatte die Zigaretten völlig fantasielos einfach geklaut.

Es war geschafft. Am 24. Mai aßen wir Mohnklöße! Schlesier müssen an diesem Tag Mohnklöße essen, weil ihnen damit garantiert wird, dass das Geld nicht ausgeht. Nach dem Essen haben wir sehr gelacht, denn wir stellten fest, dass wir gar keins hatten.

Aber wir hatten sehr, sehr gute Laune.

Väterchen Frost

von Wladimir Kaminer

Ob Väterchen Frost und Weihnachtsmann verwandt oder zwei unterschiedliche Typen sind, fragten mich neulich meine Kinder. Auf diese Frage hatte ich keine einfache Antwort parat. Soweit ich mich erinnern kann, war das Väterchen, oder – auf gut russisch – Opa Frost trinkfester als sein europäischer Kollege. In der Sowjetunion schaute er zusammen mit seiner Freundin Schneeflöckchen einmal im Jahr bei uns vorbei – am Abend des 31. Dezember. Die beiden waren vom Betrieb meines Vaters beauftragt, allen Mitarbeitern, die Kinder hatten, einen Besuch abzustatten und eine Tüte mit Schokolade und Süßigkeiten zu überreichen. Außerdem musste Opa Frost einen auf das Wohl der Familie trinken. Das Schneeflöckchen hatte die Aufgabe, auf Opa Frost aufzupassen, damit er gerade stand und nicht zu sehr herumtorkelte.

Als Erstes besuchten sie die Familie des Direktors, dann die seines Stellvertreters, anschließend die des Buchhalters und schließlich die Familie des Leiters der Parteizelle. Mein Vater war als stellvertretender

Leiter der Abteilung Planwesen nicht der letzte Mann im Betrieb. Unsere Familie stand also auch ganz oben auf der Liste von Opa Frost, auf jeden Fall unter den ersten zwanzig Adressen. Und trotzdem konnte er bei uns schon kaum noch sprechen. Wir wohnten im fünften Stock, in einem Haus ohne Fahrstuhl, man hörte Opa Frost schon im Treppenhaus fluchen – wie er mit seinem Sack gegen die eine oder die andere Tür knallte.

„Na, Boris, geht's noch?", fragte ihn mein Vater. Opa Frost hatte eine Plastiknase ohne Nasenlöcher, sein Bart war schräg um den Hals gewickelt, ein Teil davon steckte in seinem Mund. „Viel Freude für Ihre Familie", flötete Schneeflöckchen bei ihrer Ankunft. „Ich glaube, ich muss mich erst mal setzen", sagte Opa Frost und nahm im Korridor auf unserem Schuhschrank Platz.

Das Rumsitzen in der warmen Wohnung tat Opa Frost aber nicht gut. Er sprang auf und rief: „Wo ist das Kind?" Meine Eltern schoben mich nach vorne zu ihm hin. „Na du, du Junge, wie heißt du? Sehr gut, Wladimir. Hier ist für dich etwas zum Knabbern!" Opa Frost übergab mir eine zerknitterte Tüte aus seinem halbleeren Sack, trank mit meinem Vater im Stehen einen Wodka, rülpste, drehte sich um und lief die Treppe wieder runter, Schneeflöckchen hinter ihm her. „Nicht so schnell, Boris, ich möchte nicht, dass wir wie letztes Jahr wieder im Krankenhaus landen", schrie sie. „Scheiß drauf, die Kinder warten", röchelte Opa Frost.

Ich hielt ihn damals für einen Beamten, einen weiteren Diener des Staates, der wie die Bullen auf der Straße oder die Lehrer in der Schule zwar unangenehm, aber unvermeidlich war. Hier in Europa ist alles viel komplizierter angelegt. Im Dezember sind hier gleich mehrere Männer mit Säcken unterwegs.

In Holland zum Beispiel sind es drei: Am 5. Dezember wird der Sinterklaas zusammen mit dem Zwarten Piet, dem Schwarzen Mann, erwartet. Letzterer spielt die Rolle des Schneeflöckchens. Früher mussten sich holländische Pieter ihre Gesichter extra mit Ruß einschmieren, um realistisch zu wirken. Seitdem sie viele Mitbürger aus Surinam haben, ist das jedoch nicht mehr nötig. Beide kommen laut der Legende aus Madrid, sie sammeln Stroh und Mohrrüben für ihre Rentiere, der Zwarte Piet schmeißt den artigen Kindern die Geschenke durch die Kaminröhre. Die unartigen Kinder werden zur Bestrafung nach Madrid verschleppt. Ihre Eltern ziehen dann freiwillig nach. Zu Weihnachten kommt noch der Weihnachtsmann, Santa Claus, der aber in Holland keine Geschenke verteilt und nur so durch die Gegend fliegt, manchmal fährt er den Coca-Cola-Truck.

In Deutschland sind Sankt Nikolaus und Santa Claus fast Klone, sie haben oft die gleichen Geschenke und sind deswegen im kollektiven Bewusstsein der Kinderbevölkerung zu einer Figur verschmolzen – der des Weihnachtsmannes.

In Berlin werden die meisten Weihnachtsmänner von der studentischen Arbeitsvermittlung engagiert. An manchem Dezemberabend kann man zwei bis drei zur gleichen Zeit in einem U-Bahn- Waggon erwischen, wie sie hin und her durch die Stadt pendeln. Einige rülpsen laut in den Sack. Und wenn diese jungen Weihnachtsmänner lange genug unterwegs sind, können sie sogar dem alten Opa Frost Paroli bieten.

Die Plätzchenplage

von Thomas Göthel

Erster Sonntag im Advent –
es ist warm, man läuft im Hemd –
keine Flocke weit und breit.
Ich frag mich, wann es endlich schneit.

Am zweiten Sonntag im Advent
ist es so, wie es jeder kennt:
Fast alle Plätzchen sind schon weg,
es gibt kein sicheres Versteck.

Meine Plätzchen haben einen Traum,
wollen tanzen unterm Weihnachtsbaum,
darum backe ich viel mehr, als man
jemals aufessen kann.

Also warte ich nicht mehr
und kauf den halben Penny leer,
belade mich wie ein Kamel
mit Eiern, Zucker, Zimt und Mehl.

Dritter Sonntag im Advent,
ich backe Mengen, die keiner kennt:
fünfzig Bleche Butterkeks,
auch Printen fehlen keineswegs.

Dann kommen Florentiner dran,
Makronen fein mit Marzipan –
alles gleich im Faktor zehn,
dass sie den Weihnachtsbaum auch sehn.

Vierter Sonntag im Advent,
jeder zu uns rüberrennt.
Hier kriegst du Plätzchen ohne Zahl
und Mutter merkt es nicht einmal.

Ich glaube, diese Heil'ge Nacht
haben Plätzchen die Übermacht:
Den Zuckerguss kriegt keiner weg
das ist 'ne Plage mit dem Gebäck.

Meine Plätzchen haben einen Traum,
wollen tanzen unterm Weihnachtsbaum,
darum backe ich viel mehr, als man
jemals aufessen kann.

Felix holt Senf

von Erich Kästner

Es war am Weihnachtsabend im Jahre 1927 gegen sechs Uhr; Preissers hatten eben beschert. Der Vater balancierte auf einem Stuhl dicht vorm Weihnachtsbaum und zerdrückte die Stearinflämmchen zwischen den angefeuchteten Fingern. Die Mutter hantierte draußen in der Küche, brachte das Eßgeschirr und den Kartoffelsalat in die Stube und meinte: „Die Würstchen sind gleich heiß!" Ihr Mann kletterte vom Stuhl, klatschte fidel in die Hände und rief ihr nach: „Vergiß den Senf nicht!"

Sie kam, statt zu antworten, mit dem leeren Senfglas zurück und sagte: „Felix, hol Senf! Die Würstchen sind sofort fertig."

Felix saß unter der Lampe und drehte an einem kleinen billigen Fotoapparat herum. Der Vater versetzte dem Fünfzehnjährigen einen Klaps und polterte: „Nachher ist auch noch Zeit. Hier hast du Geld. Los, hol Senf! Nimm den Schlüssel mit, damit du nicht zu klingeln brauchst. Soll ich dir Beine machen?"

Felix hielt das Senfglas, als wollte er damit fotografieren, nahm Geld und Schlüssel und lief auf die

Straße. Hinter den Ladentüren standen die Geschäftsleute ungeduldig und fanden sich vom Schicksal ungerecht behandelt. Aus den Fenstern aller Stockwerke schimmerten die Christbäume. Felix spazierte an hundert Läden vorbei und starrte hinein, ohne etwas zu sehen. Er war in einem Schwebezustand, der mit Senf und Würstchen nichts zu tun hatte. Er war glücklich, bis ihm vor lauter Glück das Senfglas aus der Hand aufs Pflaster fiel. Die Rolläden prasselten an den Schaufenstern herunter, und Felix merkte, daß er sich seit einer Stunde in der Stadt herumtrieb. Die Würstchen waren inzwischen längst geplatzt! Er brachte es nicht über sich, nach Hause zu gehen. So ganz ohne Senf! Gerade heute hätte er Ohrfeigen nicht gut vertragen.

Herr und Frau Preisser aßen die Würstchen mit Ärger und ohne Senf. Um acht wurden sie ängstlich. Um neun liefen sie aus dem Haus und klingelten bei Felix' Freunden. Am ersten Weihnachtsfeiertag verständigten sie die Polizei. Sie warteten drei Tage vergebens. Sie warteten drei Jahre vergebens. Langsam ging ihre Hoffnung zugrunde, schließlich warteten sie nicht mehr und versanken in hoffnungslose Traurigkeit.

Die Weihnachtsabende wurden von nun an das Schlimmste im Leben der Eltern. Da saßen sie schweigend vorm Christbaum, betrachteten den kleinen billigen Fotoapparat und ein Bild ihres Sohnes, das ihn als Konfirmanden zeigte, im blauen Anzug, den schwarzen Filzhut keck auf dem Ohr. Sie hatten den Jungen so liebgehabt, und daß der Vater manchmal eine lockere Hand bewiesen hatte, war doch nicht böse gemeint gewesen, nicht wahr? Jedes Jahr lagen die zehn alten Zigarren unterm Baum, die Felix dem Vater damals geschenkt hatte, und die warmen Handschuhe für die Mutter. Jedes Jahr aßen sie Kartoffelsalat mit Würstchen, aber aus Pietät ohne Senf. Das war ja auch gleichgültig, es konnte ihnen doch niemals wieder schmecken.

Sie saßen nebeneinander, und vor ihren weinenden Augen verschwammen die brennenden Kerzen zu großen glitzernden Lichtkugeln. Sie saßen nebeneinander, und er sagte jedes Jahr: „Diesmal sind die Würstchen aber ganz besonders gut." Und sie antwortete jedes Mal: „Ich hol dir die von Felix noch aus der Küche. Wir können jetzt nicht mehr warten." Doch um es rasch zu sagen: Felix kam wieder. Das war am Weihnachtsabend im Jahre 1932 kurz nach sechs Uhr ... Die Mutter hatte die heißen Würstchen hereingebracht, da meinte der Vater: „Hörst du nichts? Ging nicht eben die Tür?" Sie lauschten und aßen dann weiter. Als jemand ins Zimmer trat, wagten sie nicht, sich umzudrehen. Eine zitternde Stimme sagte: „So, da ist der Senf, Vater." Und eine Hand schob sich zwischen den beiden alten Leuten hindurch und stellte wahrhaftig ein gefülltes Senfglas auf den Tisch.

Die Mutter senkte den Kopf ganz tief und faltete die Hände. Der Vater zog sich am Tisch hoch, drehte sich trotz der Tränen lächelnd um, hob den Arm, gab dem jungen Mann eine schallende Ohrfeige und sagte: „Das hat aber ziemlich lange gedauert, du Bengel. Setz dich hin! "

Was nützt der beste Senf der Welt, wenn die Würstchen kalt werden? Daß sie kalt wurden, ist erwiesen. Felix saß zwischen den Eltern und erzählte von seinen Erlebnissen in der Fremde, von fünf langen Jahren und vielen wunderbaren Sachen. Die Eltern hielten ihn bei den Händen und hörten vor Freude nicht zu …

Unterm Christbaum lagen Vaters Zigarren, Mutters Handschuhe und der billige Fotoapparat. Und es schien, als hätten fünf Jahre nur zehn Minuten gedauert. Schließlich stand die Mutter auf und sagte: „So, Felix, jetzt hol ich dir deine Würstchen."

Mariä Stallwirtschaft

von Ingrid Noll

Schon als Teenager wünschte ich mir einen Stall voller Kinder. Ich war eine begehrte Babysitterin. Bei Rebekka, Miriam, Anna, Deborah, Sarah und Hannah habe ich die Kleinen gehütet; ich erschien pünktlich, war eine zuverlässige Aufpasserin, eine geduldige Krankenpflegerin und eine liebevolle Spielkameradin. Die Kinder rissen sich um mich, die Mütter empfahlen mich weiter. Zur Belohnung erhielt ich zwar keine Silbermünzen, sondern Naturalien – drei Ellen rosagrün gemusterten Kattun, frische Feigen und Granatäpfel, ein wenig Haschisch oder Sorbet, Bergamotte-Öl oder Sandalen aus Ziegenleder. Ich sah übrigens mit zwölf Jahren sehr niedlich aus, meine Eltern waren sicher, dass sie einen gesalzenen Brautpreis verlangen konnten. Auf keinen Fall wollten sie diese wichtige Angelegenheit dem Zufall überlassen.

Als ich dreizehn wurde, wusste ich aber bereits genau: Ich wollte nicht heiraten, ich mochte keine Männer. Nein, ich war keineswegs lesbisch, das nun auch nicht. Aber es bereitete mir Unbehagen, wenn ich beim Kinderbetreuen die abgeschirmten Doppelbetten sah, wenn ich Geräusche von nebenan hörte, die mich ängstigten, wenn ich mir vorstellte, was passieren musste, bevor ein Kind auf die Welt kam.

Meine Eltern lächelten, wenn sie mich hörten. Sie glaubten, ich sei noch zu jung für die Liebe, und waren der festen Meinung, ich würde früh genug meine trotzige Haltung aufgeben.

Eigentlich will ich nicht über die Zeit meiner Pubertät reden. Es war ein einziges Aufbegehren gegen die Pläne meiner Eltern, ein Kampf um meine Selbstbestimmung. Kinder wollte ich zwar, aber keinen Mann. Vater und Mutter hoben die Hände gen Himmel über meine Unvernunft.

„Herr, erhöre uns", beteten sie, „damit unsere geliebte, störrische Tochter endlich ein Einsehen hat!"

Es ist hinlänglich bekannt, dass man nicht ihre, sondern meine Bitte erhört hat. Ich wurde schwanger, ohne mich in ein eheliches Lager begeben zu müssen. Höheren Ortes war man schon lange auf der Suche nach einer geeigneten Leihmutter, wie mir ein geheimnisvoller Bote mitteilte, der sich im Übrigen ziemlich nebulös ausdrückte. Es mag auch sein, dass ich vor Aufregung nur die Hälfte seines Angebots verstand.

Ganz ohne Kompromisse ging es natürlich nicht: Um einen Skandal zu vermeiden, wurde mir der alte Joseph an die Seite gestellt, der keinen müden Silbersekel besaß. Mein Vater erhielt keinen Brautpreis, ich zur Strafe keine Aussteuer, obwohl ich mir bloß einfache assyrische Alltagskeramik wünschte. Joseph ist mit meinen Eltern ein sogenanntes Gentleman's Agreement eingegangen: Im Tausch gegen die Josephsehe zahlte man ihm eine bescheidene Altersversorgung. Nun, der Joseph war gar keine so schlechte Wahl, wenn er bloß nicht so unpraktisch wäre. Alles muss man ihm dreimal sagen. In seiner großen Güte wird er beim Krämer beschissen, lässt sich das klapprigste Kamel andrehen und gibt jedem Bettler ein Almosen, wo wir doch selbst nichts als Linsen zu essen haben. Unsere Wohnung in Nazareth verdient diesen Namen kaum.

Joseph hat in den felsigen Boden eine Höhle gehauen, in der es von oben tropft, von vorne zieht und der Boden völlig uneben ist. Die Haustür aus Zedernholz hat sich so verzogen, dass unser Esel den Kopf durch die Ritzen stecken kann. Jede Kerze geht aus, alle Bettdecken werden klamm, das Essen schimmelt. Die Nachbarn haben es immerhin geschafft, dass das Wasser abfließt und gute, trockene Luft einströmt.

Ach, Joseph! Angeblich soll er auf Zimmermann studiert haben, aber von einem Geodreieck hat er noch nie etwas gehört.

Wenn ich auch eine Volkszählung bloß wegen der blöden Steuererhebung für völlig überflüssig hielt, so war mir die Reise nach Bethlehem in Judäa nicht unwillkommen, denn ich hatte absolut keine Lust, in diesem feuchten Loch meine Tochter zu bekommen. Ein hübsches Hotel mit Bedienung war ganz nach meinem Gusto. Hebammen gibt es schließlich überall. Ja, nun ist es heraus. Ich rechnete selbstverständlich mit einer Tochter. Susanne sollte sie heißen. Mit Jungs konnte ich nie viel anfangen, ihre dämlichen Kriegsspiele mit hölzernen Streitäxten sind mir verhasst. Kleine Mädchen kann man so viel hübscher anziehen, ägyptisches Leinen in blauem und rotem Purpur oder Karmesin zu winzigen Tuniken verarbeiten! Mit Mädchen kann man Safrantörtchen und Sesamkringel backen, Puppenkleider weben und Blumenkränzchen flechten. Die lästige Beschneidung entfällt. In meiner damaligen Naivität kam ich gar nicht darauf, dass sich ein höherer Herr als erstgeborenes Kind auf keinen Fall ein Mädchen wünscht.

Als wir nach Bethlehem aufbrachen, bereitete ich unser übliches Frühstück aus Oliven und Brot und ließ die Zwiebeln weg, die mir angesichts meines hochgewölbten Leibes nicht mehr bekamen. Joseph kleckerte noch Öl auf die Strohmatte, aber das war mir egal. Dann wurde ich auf den Esel gepackt, und schon war die Katastrophe vorhersehbar. Wie viel komfortabler wäre ein Maultier gewesen! Unser Esel – er heißt Tobias – ist ein Musterexemplar an Dummheit. Bisher hatte er einzig als Lasttier gedient, nun musste er es sich gefallen lassen, dass ich von Joseph hinaufgehievt wurde. Er warf mich einfach ab – man bedenke, wie gefährlich das war! Ich war schließlich im achten Monat. Wäre Joseph nicht ganz so tölpelhaft gewesen, er hätte mit dem Vieh geübt bis zur Perfektion.

Der Ritt auf dem schwankenden Esel auf holprigen Karawanenwegen, mein ständiger Durst, die fortgeschrittene Schwangerschaft – das alles führte dazu, dass ich häufig trinken oder ein Gebüsch aufsuchen musste. „Joseph, ich muss mal!" waren auf dieser Reise meine häufigsten Worte.

Nie gehorchte er sofort. Hier könne man schlecht anhalten, da sei kein Schatten oder wüchse kein einziger Busch in der Nähe. „Warte bis zur nächsten Quelle, der Esel muss dringend getränkt werden!"

Abends wurde gekocht. Wer, wenn nicht ich, hat

Feuer gemacht und Wasser geholt? Joseph – zugegebenermaßen musste er zu Fuß gehen – war immer derart erschöpft, dass er zu keinem Handgriff mehr fähig war. Wenn er kochen sollte, kramte er aus der Satteltasche ein paar Datteln heraus, und das war's. In dieser Hinsicht bedauerte ich es schon, dass man mir keinen jüngeren Kerl verordnet hatte.

Und dann kam die Pleite mit den Herbergen. Alles belegt, und bei mir setzten die Wehen vorzeitig ein. Kein Wunder, wenn man täglich acht Stunden lang auf einem Esel geritten ist! Bethlehem, dieses Kaff mit kaum 1000 Einwohnern, liegt 770 m über dem Meeresspiegel, die letzte Strecke war eine Tortur.

Es war ja noch ein Glück, dass wir auf den Stall stießen, denn ich befürchtete schon, das Kind auf dem Esel kriegen zu müssen, und das ausgerechnet am Heiligen Abend! Ich warf mich aufs Stroh, stöhnte und kommandierte gleichzeitig den Joseph herum. „Feuer machen, Wasser aufsetzen, Krippe putzen, den fremden Ochsen anbinden!" Unser Esel schrie übrigens viel lauter als ich, er fürchtete sich vor dem Ochsen.

Mein Gott, wenn die Hirten nicht gekommen wären, Joseph hätte es nie allein geschafft. Immerhin waren sie erfahrene Geburtshelfer – auf veterinärem Sek-

tor – und hatten schon mal das Wort „abnabeln"
gehört. Aber keiner war auf die Idee gekommen,
seine Frau zu holen, von einer Hebamme mit Mohn-
kapseln ganz zu schweigen. Sicherlich, es war gut
gemeint, ein paar Geschenke mitzubringen. Aber
mussten es ausgerechnet lebendige Lämmer sein! Ge-
schlachtet und ausgenommen, besser noch, gekocht
oder gebraten, wären sie viel nützlicher gewesen. Auf
die Idee, dass man Weihnachten ganz gern eine Gans
essen würde, kam auch keiner. Und ist es nicht nahe-
liegend, ein paar Meter gewebten Wollstoff mitzubringen statt eines Bergs ungesponnener Rohware?
Stundenlang wurde mit Joseph über die Reiseroute
und das Alter des Esels debattiert, anstatt rasch ein
Mutterschaf zu melken. Und wie sie alle den Stern
anglotzten! Natürlich verdanke ich jenem Stern auch
den Besuch der Heiligen Drei Könige. Ich will es mir
ersparen, über ihre Geschenke herzuziehen, immerhin kann man sie bei Gelegenheit verkaufen. Jeden-
falls war keine einzige Windel dabei.
Anfangs habe ich von einem Stall voller Kinder gesprochen, aber der Stall war natürlich nicht wörtlich
gemeint. Leider ist es insofern fast wahr geworden,
als ich in einem Stall hause, wenn auch mit einem
einzigen Kind. Wahrscheinlich wird das geniale Ar-

rangement der Jungfernzeugung kein zweites Mal zustande kommen, und ich werde nie ein Mädchen kriegen. Die Männerwirtschaft wird also kein Ende nehmen; ich werde weiterhin alle bedienen müssen, ohne Tochter, die mir auf meine alten Tage zur Hand geht.

Mein kleiner Junge heißt Jesus. Dieser Name wurde ebenfalls von oben angeordnet, obwohl mir persönlich David besser gefallen hätte. Über meinen Sohn lässt sich eigentlich nichts Negatives sagen, obwohl er an all der Aufregung schuld ist. Er ist – Gott sei Dank – relativ pflegeleicht.

Wenn ich an die vielen Kleinkinder denke, die ich als Babysitterin betreut habe, dann schneidet er gut ab. Wenig Geschrei, guter Appetit, fester Schlaf. Auch Joseph sollte mehr als zufrieden sein. Aber, wie alte Männer halt sind, ständig gibt es was zu meckern. Er zeigte sich noch nicht einmal dazu bereit, das Kindlein zu wiegen – er habe Gichtknoten an den Händen, war seine windige Entschuldigung.

Als Jesus zwei Wochen alt war, wurde ein Fest gefeiert. Die Könige hatten – als ob sie nicht schon genug Überflüssiges mitgeschleppt hätten – ein Fässchen Wein dabei. Einer der Hirten spielte ganz nett auf seiner Doppelrohrflöte.

Es braucht sich nicht unbedingt herumzusprechen, aber ganz unter uns, muss ich es einmal sagen: Es kam zu einem regelrechten Besäufnis. Und der empfindliche Joseph, der doch seinen Schlaf so dringend brauchte, war die ganze Nacht der Lauteste von allen. Nicht etwa dass man mit Esel, Weinfass und Flöte ein Stück weitergezogen wäre, nein – direkt im Stall wurde gefeiert. Man behauptete, mich und den Kleinen nicht allein lassen zu wollen. In Wahrheit waren sie zu faul, und bald waren sie auch zu torkelig. Anfangs sangen sie noch ganz hübsche Weihnachtslieder, aber schon bald ging es in solches Gegröle über, dass mein Jesulein brüllte.

Nein, so ein rücksichtsloser Typ soll mein Sohn niemals werden. Ich werde ihn ganz anders erziehen und dafür sorgen, dass er kein Macho wird. Und wenn er selbst einmal Vater ist und mich zur Großmutter macht, dann wird er sehr wohl seine Kindlein wiegen. Das werden wir ja sehen!

Eine Weihnachts(mann)-geschichte

von Gitta Edelmann

Glaubst du an den Weihnachtsmann? Nein? Siehst du – das hab ich mir gedacht. Und genau wegen solcher Leute wie dir ist es passiert – der Weihnachtsmann bekam einen Nervenzusammenbruch und weigerte sich, jemals wieder Geschenke zu verteilen. Kurz entschlossen entließ er alle Elfen und Zwerge in seiner Fabrik am Nordpol, sodass ein Heer von arbeitslosen Fachkräften die nordeuropäischen Länder heimsuchte. Seine deutsche Niederlassung Himmelreich im Höllental wurde aufgelöst und nicht einmal die Protestmärsche der VWA – der Vereinigten Weihnachtsarbeiterschaft – konnten den Weihnachtsmann umstimmen. Zum Glück wussten die Kinder nichts von dieser großen Krise. Denn ob sie nun an den Weihnachtsmann glaubten oder nicht – auf ihre Geschenke hätten sie wohl kaum verzichten wollen. Und genau das war das neue Motto des

Weihnachtsmannes: Weihnacht ade – Geschenke passé.

Natürlich ist das unmöglich, denk nur mal daran, wie die Wirtschaft zugrunde gehen würde – all die Lamettaproduzenten, Kerzenzieher, Christbaumschmuck- und Kinkerlitzchenhersteller, ach, was sag ich: Spielwarenhändler, Kleidungshersteller, Schmuckfabrikanten und so weiter und so weiter. Also schickten die himmlischen Heerscharen den Weihnachtsmann kurzerhand in eine private und sehr teure Kurklinik irgendwo in der Nähe von Hintertupfingen, denn jeder weiß natürlich, dass es dort besonders ruhig und erholsam ist.

Der Erzengel Gabriel knirschte zwar mit den Zähnen, aber schließlich stimmte er sogar zu, den Weihnachtsmann ganz neu einzukleiden, denn der weigerte sich, seine roten Mäntel und Mützen anzuziehen. In seiner Angora-Unterwäsche konnte man ihn aber wohl kaum unter die Leute lassen. Zudem stand früher oder später der Frühling ins Haus und der Sommer in Hintertupfingen war schon in den letzten Jahren nicht so ohne gewesen.

Also bekam der Weihnachtsmann khakifarbene Cargohosen, eine Jeans – echt stonewashed, senfgelbe Shorts und einen Stapel lässiger Pullis und T-Shirts.

Petrus selbst hatte sich bereit erklärt, seinen alten Freund in die Klinik zu fahren, denn er war einer der wenigen der himmlischen Truppe, der einen irdischen Führerschein sein eigen nannte. Doch als am verabredeten Treffpunkt ein bartloser Mann mit weißem Irokesenschnitt ins Auto stieg und kaugummikauend nuschelte: „Ey, kannst mich Charlie nennen!", musste er dreimal hinschauen und fünfmal schlucken, bis er den Weihnachtsmann erkannte.

Er war heilfroh, als der Patient in der Kurklinik Waldesruh eingecheckt war und der Chefarzt versicherte, dass er schon schlimmere Fälle geheilt hatte.

„Spätestens im Oktober ist er wieder fit!", beruhigte er Petrus.

Natürlich waren die meisten Patienten der Hintertupfingener Klinik Leute wie du und ich, aber manche von ihnen hatten schon sehr merkwürdige Angewohnheiten.

Da war zum Beispiel der Herr an Tisch 13, dessen Füße unter dem Tisch die kompliziertesten Tanzschritte ausführten, oder die junge Frau an Tisch 5, die bei jeder der vier Mahlzeiten im Speisesaal ein neues Outfit trug. Dazu war sie bis in die Fingernagelspitzen gestylt – mal wie diese Rapperin in ihrem neuesten Videoclip, mal wie ein Stummfilmstar aus den 20er-Jahren des letzten Jahrhunderts. Sie war bereits seit drei Wochen in der Waldesruh, aber bisher hatte sich noch nicht einmal ihre Frisur wiederholt – zumindest nicht in der gleichen Haarfarbe.

Als der Weihnachtsmann – oder besser gesagt Charlie, wie wir ihn nun nennen sollten – von der verständnisvoll lächelnden Schwester Eva zu seinem Platz an Tisch 7 im Speisesaal geführt wurde, schlossen die drei Herren an Tisch 9 gerade eine Wette ab, mit welcher Haarfarbe und in welchem Stil die Dame von Tisch 5 heute zum Abendessen erscheinen würde. Charlie hörte nur mit halbem Ohr hin und begann, seine Suppe zu löffeln. Beim Wort Rauschgoldengel blieb ihm jedoch eine Nudel quer im Hals stecken und er bekam einen erstickenden Hustenanfall.

Glücklicherweise kam ihm sein Tischnachbar zu Hilfe und klopfte ihm dreimal kräftig auf den Rücken. Endlich hatte die Nudel ein Einsehen und rutschte brav hinunter in Charlies Magen. Mit Tränen der Anstrengung in den Augen bedankte er sich bei seinem Retter und betrachtete ihn erstmals etwas genauer.

Na ja, der Mann war nicht gerade ein Adonis. Vor allem seine vorstehenden Zähne ließen ihn ein wenig dümmlich erscheinen. Und warum trug er beim Essen eine Strickmütze? Doch Aussehen ist ja bekanntlich nicht alles.

„Kennen Sie sich hier aus?", fragte Charlie und beugte sich über den Tisch, um weiter seine Suppe zu genießen. „Ich bin übrigens Charlie!"

„Hase, Oswald Terzius mein Name", erwiderte sein Gegenüber mit höflichem Nicken.

Das war allerdings auch schon die Grenze der Höflichkeit, denn trotz allen Bemühens konnte Charlie Herrn Hase danach nicht mehr als „Ja" oder „Nein" entlocken.

„Sein Name ist Hase, er weiß von nichts", dachte er bei sich und beschloss, sein kommunikatives Geschick anderswo einzusetzen. Zum Beispiel bei der jungen Dame von Tisch 5, die augenblicklich irgendetwas Altägyptisches darstellte.

Die Dame hieß eigentlich Maria Müller, was sie aber sofort vergaß, wenn sie in eine neue Rolle schlüpfte. Da sie tatsächlich unglaublich wandlungsfähig war, erkannte man sie oft nur, wenn sie sich an Tisch 5 niederließ.

Charlie hatte daher in den nächsten Tagen seine liebe Mühe sich herauszureden, wenn er wieder einmal in der Halle oder im Park ohne Gruß und Handkuss an ihr vorbeigegangen war. Denn das war das Mindeste, was Frau Müller von der Herrenwelt erwartete. Charlie jedoch erwartete von seiner Kur etwas ganz anderes. Auch etwas anderes als die Ruhe und den Frieden, die Petrus und dem Erzengel Gabriel vorgeschwebt hatten.

Zuerst einmal organisierte er einen illegalen Glücksspielring im Heizungskeller und führte jeden Morgen eine Polonaise durch sämtliche Gänge der Waldesruh, um mit dem Trommeln von Sambarhythmen die Kurgäste aus dem Schlaf zu schrecken.

Den westlichen Teil des Kurparks bestimmte er zum FKK-Bereich (schließlich war es inzwischen Sommer und daher warm genug) und im Ententeich begann er, Schwimmunterricht zu erteilen. Er war ja das Strandleben von seinen saisonalen Aufenthalten auf den Weihnachtsinseln gewohnt und wollte es keinesfalls missen.

Der Direktor der Klinik schüttelte den Kopf und bat den Chefarzt um ein Beruhigungsmittel. Nicht etwa für Charlie – nein, natürlich kannte er die Identität des Patienten und war sich seiner Bedeutung bewusst. Da nahm er das Medikament besser selbst und fing abends vor dem Schlafengehen wieder an zu beten wie in Kindertagen: „Lieber Gott, mach, dass er bald normal wird!"

Doch zunächst ging der Sommer unverändert chaotisch ins Land. Seltsam war nur, dass es fast allen Patienten durchaus anfing besser zu gehen. Sogar der stumme Herr Hase hüpfte schließlich bei der Morgenpolonaise mit durchs Haus und zeigte beim Weckruf grinsend seine vorstehenden Zähne. Auch beim Essen konnte man sich inzwischen richtig gut mit ihm unterhalten, solange nicht seine Erkrankung, sein vorheriges Leben oder ein anderes zu persönliches Thema angeschnitten wurde. Dann verstummte er auf einen Schlag.

Er war eigentlich wirklich ein angenehmer Zeitgenosse und Charlie begann, eine tiefe Seelenverwandtschaft mit seinem Tischnachbarn zu spüren, obwohl er sich nicht erklären konnte, warum.

Ende August bekam der Weihnachtsmann, Verzeihung, ich meine natürlich Charlie, Besuch von oben. Petrus zog sich mit ihm am Nachmittag drei Stunden in den Marmorpavillon im Park zurück und redete auf ihn ein. Vergeblich.

„Sorgen?", fragte Herr Hase abends seinen außergewöhnlich stillen Freund und schob sich eine Gabel Weißkohl-Karotten-Auflauf genießerisch in den Mund.

Charlie stocherte nur in seinem Essen herum.

Schließlich legte er die Gabel zur Seite, seufzte einmal tief und fragte: „Was soll man tun, wenn man seinen Beruf nicht mehr ausüben will, aber nichts anderes gelernt hat?"

Herr Hase schluckte schwer und nickte dann verständnisvoll. „Genau diese Frage stelle ich mir auch – genau diese Frage."

„Und wenn niemand da ist, der den Platz einnehmen könnte?", fügte Charlie hinzu.

Eifrig nickend beugte sich sein Freund zu ihm: „Genau, ganz genau."

Angesichts dieses Verständnisses setzte Charlie alles auf eine Karte. Verstohlen sah er sich um. Wie gut, dass neben Tisch 7 diese große Palme stand – keiner konnte sie beobachten. Er schob seinen Kopf noch weiter über den Tisch, bis er sein Gegenüber fast mit der Nasenspitze berührte.

„Ich bin nämlich der Weihnachtsmann!", flüsterte er heiser.

Ein Paar braune, erschrockene und doch erleichterte Augen blickten ihn an. Dann fühlte er ein Stückchen Pappe in seiner Hand – eine Visitenkarte. Darauf stand in schlichtem Golddruck: „OSwald TERzio HASE" und ringsherum schlängelte sich eine Girlande aus bunten Eiern.

„Nein!" Charlie fuhr zurück.

Herr Hase lächelte ein wenig verloren und deutete auf seine Mütze: „Doch!"

Langsam hob er den Mützenrand an, damit Charlie sehen konnte, was so lange verborgen gewesen war: zwei Hasenohren, sorgsam übereinandergefaltet, um nicht aufzutragen.

Von diesem Augenblick an war alles anders. Wann findest du schon mal jemanden, der dich wirklich versteht? Der nachfühlen kann, wie es ist, wenn niemand mehr so richtig an dich glaubt? Der genau wie du sein Leben ändern und etwas ganz Neues tun will, aber nicht weiß, wie und was?

Natürlich konnten Weihnachten und Ostern nicht einfach abgeschafft werden! Das hätte ja zum Zusammenbruch der Wirtschaft geführt und die Weltrevolution ausgelöst!

Ob dieser Probleme wurden Charlie und Oswald unzertrennlich. Und irgendwann, nach vielen Tagen und ebenso vielen Diskussionen, hatten sie die Lösung gefunden.

Wenige Tage später verließ der flotte Charlie im Morgengrauen in rotem Kapuzenmantel und mit künstlichem weißem Rauschebart die Hintertupfingener Kurklinik. Am selben Tag verschwand auch

Herr Hase, ohne dass er sich von den Ärzten, Schwestern oder Mitpatienten verabschiedet hatte. Die Krise war behoben.

So freuten sich auch in diesem Jahr die Kinder wieder, wenn sie den Weihnachtsmann zu sehen bekamen.

Nur die Mitzi Hinterhuber in den Tiroler Bergen wunderte sich sehr, warum die Christbaumkugeln nicht an den Zweigen hingen, sondern in einem Nest unter dem Weihnachtsbaum lagen. Bestimmt hätte sie sich noch mehr gewundert, wenn sie die Ohren des Weihnachtsmanns unter seiner Kapuze hätte sehen können.

Die Idee, die bunten Eier an Zweige und Äste der Tanne im Garten zu hängen, so wie der Osterhase es im folgenden Frühjahr machte – die wiederum fand sie echt cool.

Und so waren alle glücklich: der Direktor der Kurklinik Waldesruh, weil er keine Beruhigungsmittel mehr brauchte, Petrus und Gabriel, weil alles wieder so war, wie es seit alters her sein sollte, die Zwerge und Elfen, weil sie einen gesicherten Arbeitsplatz hatten, die Kinder, weil der Weihnachtsmann und der Osterhase jedes Jahr Geschenke brachten, und Charlie und Oswald, weil sie von Januar bis Februar und von Mai bis November zusammen Urlaub machen konnten – mal auf den Weihnachtsinseln mit einer Truppe Rauschgoldengel, mal auf den Osterinseln mit ein paar flotten Häschen.

Was? Du glaubst immer noch weder an den Weihnachtsmann noch an den Osterhasen? Dazu kann ich nur sagen: selber schuld!

Die drei stillen Messen

von Alphonse Daudet

I.

„Zwei getrüffelte Truthennen, Garrigou …?“

„Ja, Hochwürden, zwei prächtige Truthennen, mit Trüffeln vollgepfropft. Ich kann etwas davon erzählen, habe ich doch mitgeholfen, sie zu füllen. Man hätte denken sollen, ihre Haut müsste beim Braten platzen, so war sie ausgespannt …“

„Jesus – Maria! Und ich esse Trüffeln so gern … Schnell, gib mir mein Chorhemd, Garrigou … Und außer den Truthennen, was hast du noch in der Küche bemerkt …?“

„O! Alles nur mögliche Gute … Seit Mittag haben wir nichts getan, als Fasanen, Wiedehopfen, Feldhühner und Auerhähne zu rupfen. Die Federn flogen nur überall so herum … Dann hat man aus dem Teich Aale gebracht, Goldkarpfen, Forellen und …“

„Forellen, Garrigou, wie groß?“

„So groß, Hochwürden, ganz prächtige Tiere!“

„Mein Gott! Mir ist, als ob ich sie sähe! … hast du den Wein in die Messkännchen gefüllt?“

„Ja, Hochwürden, ich habe den Wein in die Messkännchen gefüllt… Aber, weiß Gott! Der ist gar nichts gegen den Wein, den Sie nach der Mitternachtsmesse trinken werden. Wenn Sie das alles in dem Speisesaal des Schlosses sähen, alle diese Flaschen mit edlen Weinen, die in allen Farben schillern… Und das Silbergeschirr, die Tafelaufsätze, die Blumen, die Armleuchter! Solch einen Weihnachtsschmaus hat man noch niemals gesehen. Der Herr Graf hat alle Herrschaften aus der Nachbarschaft eingeladen. Sie werden wenigstens vierzig Personen zur Tafel sein, ohne den Amtmann und den Gerichtsschreiber zu rechnen. Ach, Sie haben es gut, dass Sie dabei sein können, Hochwürden… Unsereiner hat die schönen Truthennen nur riechen dürfen, und doch verfolgt mich der Duft der Trüffel, wohin ich mich auch wenden mag… ach!"

„Nun, nun, mein Kind. Hüten wir uns vor der Sünde der Leckerei, zumal am heiligen Weihnachtsabend… Geh schnell und zünde die Kerzen an und gib das erste Glockenzeichen zur Messe; denn sieh, es ist bald Mitternacht und wir dürfen uns nicht verspäten…"

Dieses Zwiegespräch wurde an einem schönen Weihnachtsabend im Jahre des Heils eintausendsechshundert und so und so viel gehalten zwischen dem ehrwürdigen Herrn Balaguère, vormaligem Prior der Barnabiten, jetzt wohlbestalltem Schlosskaplan der Grafen von Trinquelague, und seinem kleinen Mesner Garrigou, oder vielmehr derjenigen Person, welche er für seinen kleinen Mesner Garrigou hielt. Denn, wohlgemerkt, für diesen Abend hatte der Teufel die runde Gestalt und die unbestimmten Züge des jungen Sakristans angenommen, um seine Hochwürden bequemer in Versuchung führen und zu einer abscheulichen Sünde der Leckerei verleiten zu können. Während also der angebliche Garrigou (hm, hm) die Glocken der gräflichen Kapelle ertönen ließ, legte seine Hochwürden in der kleinen Sakristei des Schlosses sein Messgewand an und wiederholte während des Ankleidens für sich, mit seinen Gedanken ganz in jene gastronomischen Beschreibungen vertieft: „Gebratene Truthennen … Goldkarpfen … Forellen … und von solcher Größe!"

Draußen blies der Nachtwind und trug die Glockentöne in die Ferne, während hier und da auf den Seiten des Berges Ventoux, auf dessen Spitze sich die alten Türme von Trinquelague erhoben, Lichter durch das nächtliche Dunkel aufblitzten. Es waren die Familien von den Meierhöfen, die sich anschickten, die Mitternachtsmesse auf dem Schloss zu hören. Unter Gesang erklommen sie den Abhang in Gruppen von fünf oder sechs, voran der Vater, die Laterne in der Hand, sodann die Frauen, eingehüllt in ihre großen braunen Mäntel, in deren Falten die Kinder Schutz und Halt suchten. Trotz der späten Stunde und der Kälte marschierten die braven Leute lustig vorwärts in der zuversichtlichen Hoffnung, dass sie nach beendigter Messe wie jedes Jahr unten in den Küchenräumen den Tisch gedeckt finden würden. Von Zeit zu Zeit ließ eine herrschaftliche, von Fackelträgern begleitete Karosse auf dem steilen Wege ihre Scheiben in den Strahlen des Mondes glänzen oder ein Maultier setzte vorwärts trottend die an seinem Halse hängenden Glöckchen in Bewegung und bei dem Schein der von Nebel eingehüllten Stocklaternen erkannten die Meier ihren Amtmann und grüßten ihn beim Vorbeireiten: „Guten Abend, guten Abend, Herr Arnoton."

„Guten Abend, guten Abend, meine Kinder."

Die Nacht war hell, die Sterne erzitterten in der Kälte, der Nordwind wehte scharf und feine Eisnadeln, die von den Kleidern herabglitten, ohne sie zu befeuchten, hielten die Überlieferung der „schneeweißen" Weihnacht treulich aufrecht. Ganz oben auf der Höhe erschien als Ziel das Schloss mit seiner gewaltigen Masse von Türmen und Giebeln, stieg der Glockenturm seiner Kapelle zum schwarzblauen Himmel empor und eine Menge kleiner Lichter, die sich hin und her bewegten, blitzten in allen Fenstern auf und glichen auf dem dunklen Hintergrunde des Gebäudes den Funken, die in der Asche verbrannten Papiers aufleuchten. Nachdem man die Zugbrücke und das Falltor überschritten hatte, musste man, um zu der Kapelle zu gelangen, den ersten Hof durchqueren, der mit Karossen, Bediensteten und Tragsesseln angefüllt und durch die Flammen der Fackeln sowie die Küchenfeuer taghell erleuchtet war. Man hörte das Geräusch der Bratenwender, das Klappern der Kasserolle, das Klirren der Kristall- und Silbergefäße, die bei der Vorbereitung zu einem Mahl gebraucht werden; und der Duft gebratenen Fleisches und würziger Saucen, der über dem Ganzen schwebte, rief den Meiern, dem Kaplan, dem Amtmann und aller Welt zu: „Welch vortreffliches Weihnachtsmahl erwartet uns nach der Messe!"

II.

Kling-ling-ling! Kling-ling-ling!
Die Mitternachtsmesse begann. In der Schlosskapelle, einer Kathedrale im Kleinen mit Kreuzgewölben

und eichenem Getäfel die ganzen Wände hinauf, waren alle Wandteppiche aufgespannt, alle Kerzen angezündet. Und welche Versammlung! Und welche Gewänder! Da saßen in den schön geschnitzten Stühlen, die den Chor umgaben, zunächst der Graf von Trinquelague in lachsfarbenem Taftgewand und neben ihm alle geladenen edlen Herren. Gegenüber, auf mit Samt besetzten Betstühlen, hatte neben der alten Gräfin-Witwe in feuerrotem Brokatkleide die junge Gräfin von Trinquelague sich niedergelassen, im Haar eine hohe, nach der letzten Mode des Hofes von Frankreich aufgebaute Spitzengarnitur. Weiter unten sah man in Schwarz gekleidet, mit mächtigen Perücken und rasierten Gesichtern den Amtmann Arnoton und den Gerichtsschreiber Ambroy – zwei ernste Notabenes zwischen den glänzenden Seidengewändern und den broschierten Damastkleidern. Sodann die fetten Haushofmeister, die Pagen, die Jäger, die Aufseher und Frau Barbara, alle Schlüssel an einer Kette von feinem Silber an ihrer Seite herabhängend. Im Hintergrund, auf Bänken, die niedere Dienerschaft, die Mägde, die Meier mit ihren Familien und endlich ganz hinten, dicht bei der Tür, die sie möglichst geräuschlos öffnen und schließen konnten, die Küchenjungen, die zwischen zwei Saucen ein wenig Messeluft atmeten und ein wenig Duft des Weihnachtsschmauses in die Kirche mitbrachten, in der die Menge der angezündeten Kerzen eine festliche Wärme ausstrahlte.

War es der Anblick der weißen Barretts der Küchenjungen, der seine Hochwürden so in Zerstreuung versetzte? Oder war es vielleicht das Glöckchen Garrigous, dieses rasende kleine Glöckchen, welches sich am Fuße des Altars mit wahrhaft höllischer Überstürzung bewegte und bei jeder Schwingung zu sagen schien: „Eilen wir uns, eilen wir uns … Je früher wir hier fertig werden, desto früher kommen wir zur Tafel." Tatsache war, dass, sooft dieses Teufelsglöckchen erklang, der Kaplan seine Messe vergaß und nur noch an den Weihnachtsschmaus dachte. Im Geiste sah er das Küchenpersonal in voller Tätigkeit, die Öfen, in denen ein wahres Schmiedefeuer glühte, den Dunst, der unter den Deckeln der Kasserolle hervordrang, und in diesem Dunste zwei prächtige Truthennen, zum Zerplatzen vollgestopft und marmoriert mit Trüffeln …

Er sah auch wohl ganze Reihen kleiner Pagen vorüberziehen, beladen mit Schüsseln, die einen verführerischen Duft um sich verbreiteten, und trat mit ihnen in den großen Saal, der schon für das Fest bereit stand. O Wonne! Da stand im vollen Lichterglanz die mächtige Tafel ganz beladen; Pfauen in ihr eignes Gefieder gekleidet; Fasanen, die ihre braunroten Flügel ausbreiteten; rubinfarbige Flaschen; Fruchtpyramiden, die aus grünen Zweigen hervorleuchteten, und die wunderbaren Fische, von denen Garrigou sprach (ja, ja, vortrefflich, Garrigou!), ausgestreckt auf ein Lager von Fenchel, die Schuppenhaut so wie Perlmutt glänzend, als ob sie eben aus dem Wasser kämen, mit einem Sträußchen wohlriechender Kräuter in ihren monströsen Mäulern. So lebhaft war die Vision dieser Wunder, dass es Herrn Balaguère vorkam, als wären diese prächtigen Gerichte vor ihm auf den Stickereien der Altardecke angerichtet, und dass er sich zwei- oder dreimal dabei überraschte, dass er die Worte „Der Herr sei mit euch!" in „Der Herr segne die Mahlzeit" änderte. Abgesehen von diesen verzeihlichen Missgriffen pflegte der würdige Mann seines Amtes mit großer Gewissenhaftigkeit, ohne eine Zeile zu überspringen, ohne eine Kniebeugung auszulassen, und alles ging vortrefflich bis an das Ende der ersten Messe; denn, wie bekannt, muss am Weihnachtstage derselbe Geistliche drei Messen hintereinander zelebrieren. „Das war eine!", sagte der Kaplan zu sich mit einem

Seufzer der Erleichterung; dann, ohne eine Minute zu verlieren, gab er seinem Mesner oder dem, den er dafür hielt, das Zeichen und …

Kling-ling-ling! Kling-ling-ling!

Die zweite Messe nahm ihren Anfang und mit ihr die Sünde Herrn Balaguères. „Schnell, schnell, beeilen wir uns", rief ihm mit seiner dünnen, schrillen Stimme das Glöckchen Garrigous zu und diesmal stürzte sich der unselige Priester, sich ganz dem Dämon der Fresssucht hingebend, auf das Messbuch und verschlang die Seiten mit der Gier seines überreizten Geistes. Wie ein Wahnsinniger kniete er nieder und erhob sich wieder, machte er die Zeichen des Kreuzes, die Kniebeugungen und kürzte alle diese Bewegungen ab, um möglichst bald zu Ende zu kommen. Kaum dass er bei Verlesung des Evangeliums die Arme ausstreckte, dass er beim „confiteor" an seine Brust schlug. Zwischen ihm und seinem Mesner entspann sich ein förmlicher Wettstreit, wer am schnellsten fertig wurde. Fragen und Antworten überstürzten sich. Die Worte, nur zur Hälfte ausgesprochen, ohne den Mund zu öffnen, was zu viel Zeit kosten würde, gingen in unverständliches Gemurmel über.

Oremus ps … ps … ps …

Mea culpâ … pâ … pâ …

Eiligen Weinlesern gleich, die im Kübel die Trauben austraten, wateten beide in dem Latein der Messe herum, nach allen Seiten abgerissene Worte hervorsprudelnd.

Dom … scum! … sagt Balaguère.

… *Stutuo!* … antwortete Garrigou und immer war das verdammte Glöckchen da, dessen schrille Stimme in ihren Ohren klang wie die Schellen, die man an dem Geschirr der Postpferde befestigt, um dieselben zu rascherem Lauf anzufeuern. Dass bei solchem Gang eine stille Messe rasch erledigt war, ließ sich leicht vorstellen.

„Das waren zwei!", sagte der Kaplan ganz außer Atem, dann stürzte er, ohne sich Zeit zu nehmen, wieder zu Atem zu kommen, rot im Gesicht, vor Eifer schwitzend, die Stufen des Altars herunter und … Kling-ling-ling! Kling-ling-ling!

Die dritte Messe begann. Nun sind es nur noch wenige Schritte bis zur Ankunft in den Speisesaal; aber ach! Je mehr der Weihnachtsschmaus nahte, desto mehr fühlte sich der unglückselige Balaguère von wahnsinniger Ungeduld und Fressgier ergriffen. Seine Visionen verschärften sich, die Goldkarpfen, die gebratenen Truthennen waren da, standen vor ihm. Er berührte sie … er … O! Gott … die Gerichte

dampften, die Weine dufteten; und die immer schrillere Stimme des rasch geschwungenen Glöckchens rief ihm zu: „Rasch, rasch, immer rascher!"
Aber wie war das möglich? Seine Lippen bewegten sich kaum. Er sprach die Worte nicht mehr aus. Wollte er wirklich den lieben Gott betrügen, ihm seine Messe eskamotieren? Ja, wirklich, das tat er, der Unglückselige! Er konnte der Versuchung nicht widerstehen, zuerst übersprang er einen Vers, dann zwei. Dann war die Epistel zu lang, er las sie nicht zu Ende, er ging über das Evangelium hinweg, ging am Credo vorüber, übersprang das Vaterunser und stürzte sich so mit gewaltigen Sätzen und Sprüngen in die ewige Verdammnis, stets begleitet von dem niederträchtigen Garrigou (hebe dich weg, Satanas!), der ihm mit wunderbarem Verständnis sekundierte, ihm das Messgewand aufhob, immer zwei Blätter auf einmal umwendete, die Messkännchen umstürzte und dabei beständig das Glöckchen immer stärker, immer schneller schwang.
Die bestürzten Gesichter sämtlicher Zuhörer zu betrachten lohnte schon der Mühe. Genötigt, nach der Mimik des Priesters der Messe zu folgen, von welcher sie nicht ein Wort verstanden, erhoben sich die einen, wenn die andern niederknieten, setzten sich

die Ersten, wenn die Letzten aufstanden, und sämtliche Phasen dieses sonderbaren Gottesdienstes flossen ineinander und fanden ihren Ausdruck in den verschiedenartigsten Stellungen der Zuhörer auf den verschiedenen Bänken. Der Weihnachtsstern auf seiner Bahn am Himmel erblasste vor Schreck beim Anblick solcher Verwirrung.

„Der Kaplan geht zu rasch … man kann nicht folgen", murmelte die alte Gräfin-Witwe, indem sie ihre Haube aufgeregt hin und her bewegte. Meister Arnoton, seine große Stahlbrille auf der Nase, suchte mit Verwunderung in seinem Gebetbuche und fragte sich, wie zum Teufel man mit ihm daran sei. Aber im Grunde waren alle diese braven Leute, die ja ebenfalls an den Weihnachtsschmaus dachten, gar nicht böse darüber, dass die Messe im Galopp vorwärtsging, und als Balaguère mit strahlendem Gesicht sich an die Anwesenden wandte und mit aller Kraft ihnen zurief: „Ite, missa est", da antwortete ihm die ganze Zuhörerschaft einstimmig ein so freudiges, so hinreißendes „Deo gratias", dass man in Versuchung geriet, zu glauben, man befinde sich schon an der Tafel bei dem ersten Toast des Weihnachtsschmauses.

III.

Fünf Minuten später saß die ganze Schar edler Herren im großen Saale, der Kaplan mitten unter ihnen. Das Schloss, von unten bis oben erleuchtet, hallte wider von Gesängen, Rufen, Gelächter und der ehrwürdige Balaguère durchstach mit seiner Gabel den Flügel eines Feldhuhns, indem er die Gewissensbisse über seine Sünde unter Fluten edlen Weines und guter Bratensaucen zu ersticken suchte. Er trank und aß so viel, der ehrwürdige Mann, dass er in der Nacht einem entsetzlichen Anfall erlag, ohne auch nur die Zeit zu finden zu bereuen. Am Morgen darauf kam er im Himmel an, noch ganz aufgeregt von den Festlichkeiten der Nacht. Wie er dort empfangen wurde, könnt ihr euch denken.

„Aus meinen Augen, du schlechter Christ", sprach zu ihm der oberste Richter, unser aller Herr, „deine Sünde ist so groß, dass sie den Wert eines ganzen tugendhaften Lebens aufwiegt ... Ah! du hast mir eine Nachtmesse gestohlen! Nun wohl, du wirst mir dafür dreihundert zahlen und wirst nicht eher Eintritt in das Paradies erlangen, als bis du diese dreihundert Weihnachtsmessen in deiner eignen Kapelle und in Gegenwart all derer zelebriert hast, welche durch deine Sünde und mit dir gesündigt haben ..."

Und das ist die wahre Legende von Herrn Balaguère Hochwürden, wie man sie im Lande der Oliven erzählt. Heute existiert das Schloss Trinquelague nicht mehr, aber die Kapelle steht noch aufrecht auf der Höhe des Berges Ventoux, umgeben von einem Kranz grüner Eichen. Der Wind schlägt ihre zerfallenden Türen auf und zu, auf dem Boden wuchert das Unkraut, in den Winkeln des Altars und in den Ecken der hohen Fenster, deren gemalte Glasscheiben längst verschwunden sind, nisten die Vögel. Gleichwohl scheint es, dass jedes Jahr zu Weihnacht ein übernatürliches Licht durch die Ruinen irrt und die Bauern haben oft auf dem Weg zur Messe und zum Weihnachtsschmaus die gespenstige Kapelle von unsichtbaren Lichtern erleuchtet gesehen, die in freier Luft, selbst unter dem Schnee und im Wind, brennen. Du magst darüber lachen, wenn du willst; aber ein Winzer des Orts namens Garrigue, ohne Zweifel ein Nachkomme jenes Garrigou, hat mir versichert, dass er sich eines schönen Weihnachtsabends, als er gerade einen kleinen Rausch hatte, im Gebirge auf der Seite von Trinquelague verirrte, und was er dort sah, war Folgendes: bis um elf Uhr nichts. Alles war in Schweigen gehüllt, wie erloschen und unbelebt. Plötzlich, gegen Mitternacht, ertönte eine Glocke hoch oben vom Glockenturme, eine alte, so alte Glocke, dass ihr Ton von zehn Stunden Entfernung herüberzutönen schien. Bald darauf sah Garrigue auf dem Wege, welcher zum Berge hinaufführt, Flämmchen aufleuchten und unbestimmte Schatten sich bewegen. Unter der Tür der Kapelle ertönten Schritte, man flüsterte: „Guten Abend, Meister Arnoton!"

„Guten Abend, guten Abend, meine Kinder!"

Als alle Welt in die Kapelle eingetreten war, trat mein Winzer, der sehr tapfer war, vorsichtig und leise näher und erblickte durch die Spalten der zerbrochenen Tür ein sonderbares Schauspiel. Alle die Leute, die er hatte vorübergehen sehen, waren in dem zerfallenen Schiff der Kapelle um den Chor herum geordnet, als wenn die alten Bänke noch vorhanden wären. Schöne Damen mit Spitzenhauben, von oben bis unten edel gekleidete Herren, Bauern in bunten Jacken, wie sie unsere Großväter trugen, alle das Gesicht alt, welk, staubig, müde. Von Zeit zu Zeit umkreisten Nachtvögel, die gewöhnlichen Bewohner der Kapelle, durch alle diese Lichter aus dem Schlafe aufgestört, die Kerzen, deren Flammen gerade und schwankend in die Höhe stiegen, als ob sie hinter einem Schleier brannte. Und was Garrigue am meisten Spaß machte, das war eine gewisse Person mit großer Stahlbrille, welche jeden Augenblick ihre hohe schwarze Perücke schüttelte, auf der einer der Vögel sich wie versessen aufrecht hielt und schweigend die Flügel auf und nieder bewegte …

Im Hintergrund lag ein kleiner Greis von kindlicher Gestalt in der Mitte des Chors auf den Knien und schwang verzweiflungsvoll ein Glöckchen ohne Klöppel und ohne Klang, während ein Priester in abgetragenem Messgewand vor dem Altar hin und her ging, beständig Gebete rezitierend, von denen man nicht ein Wort hörte. Sicher war das Ehrwürden Balaguère, der eben seine dritte stille Messe hielt.

Kinderspiel

von Stevan Paul

In den Badezimmerspiegeln meines Elternhauses wirke ich immer viel dicker als in der Wirklichkeit, fahl und aufgeschwemmt, ungesund geradezu. Mein Haar, eine durchaus verwegene, aber stilvolle Komposition meines Friseurs, wirkt plötzlich ungepflegt, verwachsen. Augenringe unterstreichen die allgemeine Grauhäutigkeit, ein ganz und gar falscher Lebenswandel starrt mich vorwurfsvoll aus den Badezimmerspiegeln meines Elternhauses an. Moment mal, denke ich. Ich stehe doch gerade in meinem eigenen Badezimmer, das hier ist meine Wohnung, wieso, bitte schön … Die Liebste reißt die Tür auf: „Bist du dann mal fertig da mit der Besichtigung, ich will ja nicht drängeln, aber deine Eltern sind grade mit dem Taxi vorgefahren!" Verdammt. Ich ahnte es. Es liegt gar nicht am Standort der Badezimmerspiegel.

Der Türsummer schnarrt gelassen, als wäre gar nichts. Energische Schritte im Treppenhaus und ein zögerliches Schlurfen, Kofferrollen über Steinboden, ein eisiger Wind weht meine Eltern die Treppen hinauf zu uns. „Fröhliche Weihnachten!", ruft meine Mutter mit sehr viel ö, drückt mich fest an sich, um mich gleich wieder wegzustoßen, Kontrollblick und dann ein altes Ritual, an das ich mich nie gewöhnen werde: „Junge, du siehst ein bisschen moppelig aus!" Sie unterstreicht die Feststellung mit einem beherzten Wangenkniff: „Und deine Haare! Da hättest du ja ruhig noch mal zum Friseur gehen können vor dem Fest!" Ich verschweige, dass ich gestern noch beim Friseur war und 35 Euro für diesen Haarschnitt bezahlt habe, es würde die Sache unnötig verkomplizieren.

Hinter Mutter huscht Papa ins Bild. Klein und zerbrechlich wirkt er, er atmet schwer die Anstrengungen des Treppenaufstiegs, nickt knapp, versucht ein Lächeln. Ich umarme ihn, durch die dicke, weiche Wolljacke spüre ich einen kantigen Körper. Er ist nicht mehr der Alte, schon lang nicht mehr. Der Ruhestand hat ihm nicht gutgetan, mit dem Ruhestand kamen die Krankheiten. Der Vater meiner Kindheit war ein anderer, war stark, ein Bergsteiger, kein Weg zu weit, kein Berg zu hoch, mein Vater stand mal auf dem Mount Everest. Immer an Weihnachten hat er den Christbaum mithilfe alter Bergseile und Karabinerhaken aus dem Garten auf den Balkon im ersten

Stock gehievt, sich dann über die Brüstung geschwungen und die vier Meter ins Blumenbeet abgeseilt, in voller Bergsteigermontur, Helm inklusive. Seine Augen leuchteten vor Vergnügen, und er lachte, wenn er unten angekommen war, winkte mir aus dem verschneiten Garten zu. Er war glücklich damals, glaube ich. Heute sind die siebzehn Treppenstufen zu unserer Wohnung sein Mount Everest. Mutter schiebt erst die Gehhilfe in die Wohnung, dann ihren Mann.

Dieses Jahr feiern wir Weihnachten mal bei uns. Das habe ich mir im Sommer ausgedacht, es klang gut und sinnvoll und weit weg. Wir feiern bei uns, habe ich gesagt, alle zusammen, jetzt, wo es das Elternhaus nicht mehr gibt, weil es den Eltern zu groß geworden ist ohne die Kinder. „Wann kommen denn die Kinder!", ruft Mutter aus dem Wohnzimmer; und weil das keine Frage ist, klingelt es in diesem Moment an der Tür, und da stehen sie schon wie bestellt: die Kinder. Mein Bruder, Mitte dreißig, wischt energisch mit den Ledersohlen seiner handgenähten Schuhe über die Schmutzmatte vor der Tür, der taubenblaue Nadelstreifenanzug sitzt perfekt, darüber ein eleganter Kaschmirmantel, das kurze Haar ist streng gescheitelt. Konstantin ist bereit für das Weihnachtsmeeting mit seiner Familie. „Ach, du liebe Güte!", ruft Mutter, stürmt in den Flur und betrachtet stirnrunzelnd ihren Jüngsten: „Wer hat dir denn die Haare so kurz geschnitten! Und was ist das denn bitte für ein schrecklicher Mantel!„ Unentschieden steht sie vor ihm, dann glättet sich die Stirn, Mutter breitet die Arme aus: „Ach, egal! Ich freu mich, dass du da bist!"

Zögerlich tritt Nina aus dem Dunkel des Treppenhauses, sie hat ihren Mann dabei und zwei eigene Kinder, die sie am Telefon immer Energie und Ausdauer nennt. Hinter Energie und Ausdauer taucht aus dem Nichts ein riesiger Wolf auf. Mit Anlauf und großer Zielstrebigkeit bahnt sich das grauschwarze Tier seinen Weg durch Flur und Menschenbeine ins Wohnzimmer und fällt Papa an, der auf dem Sofa Platz genommen hat, springt hoch am zarten Männlein, einmal, zweimal, dreimal. „Hilfe!", ruft Vater unter Fellbergen. „Clara, aus!", ruft meine Schwester ungehört, dreht sich zu uns: „Das ist Clara, die will nur spielen!", erklärt sie. Für uns Außenstehende wirkt es aber durchaus eher so, als wolle Clara unseren Vater fressen. Noch mal: „Clara, aus!", da endlich lässt der Wolf von Papa ab. Über Vaters Nase zieht sich ein langer, stark blutender Ratscher. Konstantin hat seinen Mantel ja noch an und fährt den Verletzten nach kurzer Internetrecherche ins nahe gelegene Krankenhaus, die haben da einen Notdienst über die Feiertage. Nina entschuldigt sich wortreich bei den Verbliebenen, schüttelt Energie und Ausdauer aus ihren Ganzkörper-Skianzügen, schlüpft selbst aus dem Mantel und nimmt ihre Wollmütze ab. Ihre Haare sind rot gefärbt. Ich geh dann mal lieber in die Küche.

Ich glaube, ich bin eigentlich Koch geworden, weil mir die Welt schnell zu viel wird. Die Küche ist mein Rückzugsort, wenn ich der Menschen müde bin, und ich ermüde schnell. In der Küche bin ich für mich. Schweigend arbeite ich, rieche, schmecke, würze, probiere. Konzentration auf den weichen Messerlauf, die Geräusche aus der Pfanne, den Duft aus dem Ofen, die perfekte Garzeit, während die Welt sich draußen lautstark dreht, ohne mich. Knollen, Wurzeln, Samen, Körner, Gemüse, Kräuter und Blattwerk, steifleibige Fische und glänzendes Muskelfleisch verwandeln sich, werden zu sättigenden Mahlzeiten, zu gefeierten Speisefolgen. Das ist keine Arbeit, und am Ende des Abends wird der Koch auch noch geliebt für sein eigenbrötlerisches Tun. Aufräumen und abspülen darf er meistens auch nicht mehr. Du bleibst jetzt mal sitzen, entscheidet das Publikum. Praktisch ist das.

Die Liebe zum Kochen habe ich von Mutter geerbt, die nicht nur an Weihnachten groß auftischte. Mutters Kochbuchsammlung war das Zentrum der Familie, schon morgens am Frühstückstisch wurde gemeinsam in Kochanweisungen und Zettelwirtschaften geblättert, vorgelesen und der Tagesspeiseplan besprochen. Ich habe viel gelernt in der Küche meiner Mutter, wir standen oft zusammen am Herd. Nur die Weihnachtsgans blieb stets alleine meiner Mutter vorbehalten, die Weihnachtsgans war die Königsdisziplin und Mutter die Gänsekönigin. Bereits im Morgengrauen des anbrechenden Weihnachtstages wischte Mutter den Winterschlaf vom Bräter, wusch, füllte und würzte die Gans im warmen Küchenlicht. Stunden verbrachte sie vor dem Ofen kniend mit dem Beschöpfen der Gans, die auf Wurzelgemüse gebettet langsam bräunte. Pünktlich um halb sechs am Abend wurde serviert, Vater entkorkte alten Wein und zerlegte die Gans, häufte zarte Fleischstücke und knusprige Haut auf die Servierplatte, während Mutter seufzend das Kraut und die Klöße auftischte. Die Arbeit von Stunden wurde von uns in Minutenschnelle eingeatmet.

„Trinkst du etwa jetzt schon Wein, es ist halb vier am Nachmittag!" Ich habe Mutter nicht kommen hören. Schuldbewusst schütte ich den Spätburgunder, den ich mir eben eingeschenkt habe, in den Rotkrauttopf: „Nein, nein, der ist fürs Rotkraut!" Mutter beugt sich über den Topf und schüttelt energisch den Kopf: „Ist aber sehr dick geschnitten, dein Rotkraut!" Sie geht zum Küchenfenster, sieht hinaus in den Garten, dreht sich unvermittelt um und hat eine gute Idee: „Halb vier ist eigentlich eine gute Uhrzeit. Es ist ja auch schon dunkel draußen, schenk uns zwei Hübschen doch mal ein schönes Glas Rotwein ein!"

„Kannst du mal eben kommen. Bitte." Die Liebste steht in der Küchentür, ihre Tonlage duldet keinen Widerspruch. Ich folge. „Läuft doch gut!", flüstere ich. „Es läuft überhaupt nicht gut!", schimpft die Liebste, stoppt vor dem Gästeklo und reißt die Tür auf: „Was ist hier falsch?" Um ihre Stimme ranken sich Eiszapfengirlanden. Das Gästeklo sieht normal aus, gut sogar, finde ich und kann den Fehler nicht finden. Funkelnd strahlt frisch geputztes Kachelwerk, in der Ecke dünstet eine Kerze vornehme Vanillearomen aus, in der perlmuttschimmernden Muschelschale liegen französische Portionsseifen in

Seidenpapier eingeschlagen, das Klopapier ist zur Feier des Tages vierlagig und nicht aus Recyclingproduktion, strahlend weiße Rollen. Toll.

„Was genau ist denn jetzt hier falsch?", frage ich mit eingezogenem Kopf. Die Liebste zeigt zum Handtuchhalter. Jetzt sehe ich es auch. Unsere cremefarbenen Gästehandtücher sind verschwunden, an den Haken hängen plötzlich rot-grüne Frotteelappen, auf denen sich ein Schneemann und eine Schneemannfrau mit mächtigem Schneeballbusen bonbonfarbene Herzen und aufgenähte Weihnachtssterne zuwerfen. Hinter uns taucht Mutter auf: „Hier seid ihr Süßen! Also, der Rotwein schmeckt aber gut – aha, ich sehe, ihr habt mein kleines Vorgeschenk schon entdeckt. Hübsch, ne? Hab ich letzte Woche für euch bei Tchibo erstanden!" Wir danken höflich.

Im Ofen klemmen zwei Weihnachtsgänse und schwitzen leise Fett. Sie liegen hochkant verkeilt auf der Seite, die Brüste einander zugewandt, anders hätte ich die zwei Vögel da nicht reinbekommen. Es sind zwei Gänsebraten, weil wir so viele Esser sind. Es sind auch deshalb zwei Gänsebraten, weil wir uns nicht auf ein Rezept einigen konnten, meine Mutter und ich. Mutter möchte den Gänsebraten wie immer, also gefüllt mit Backpflaumen und Beifuß. Ich möchte die Gans pur. Salz, Pfeffer, fertig. Heiße Backofenwinde sollen über die Gänsehaut wehen, sonst nichts. Im Vorfeld wollte da keiner von uns beiden so richtig nachgeben.

Mit schreckensgeweiteten Augen sieht Mutter jetzt ins Rohr: „Und wo ist die Sauce?" Die Sauce habe ich schon am Vortag angesetzt, habe extra zuge-kaufte Geflügel-Carcassen gebräunt, mit Röstgemü-sen, Gänseklein, süßem Portwein, Rotwein und Geflügelfond habe ich auf dem Herd eine konzen-trierte Jus gekocht. Mein Geheimnis sind außerdem getrocknete Steinpilze, etwas Thymian, schwarzer Pfeffer und zwei bis drei getrocknete Tomaten, die im dunklen Fond mit einreduzieren, dabei entsteht eine hocharomatische, runde Sauce mit Tiefe und Charakter. Mutter ist nicht überzeugt: „Da kommt doch so viel guter Saft aus der Gans!" Sie weist auf Spuren einer dunklen Flüssigkeit in der ansonsten randvollen Fettwanne unter den Vögeln. „Du hast doch noch das Fett-weg-Kännchen, das ich dir zum Auszug geschenkt habe, oder?"

Energie und Ausdauer stürmen die Küche und ziehen an Onkels Hosenbein: „Wasisndas?" Das ist eine Schallplatte, liebe Kinder. Die Kinder sind unzufrie-den mit der Antwort, ich gehe ins Detail. Das ist eine

Sesamstraße-Schallplatte, die ist fast so alt wie ich, nämlich 37 Jahre alt, und wenn man die ganz vorsichtig auf den Schallplattenspieler im Wohnzimmer legt, kann man Ernie, Bert und Bibo hören. Energie und Ausdauer blicken weiterhin fragend zu mir hinauf, der Onkel scheint Wirres zu sprechen. „Ist so ähnlich wie CD." Keine Reaktion. „Ich zeig euch das." Energie und Ausdauer kreischen vorfreudig. Sekunden später erklärt uns Grobi den Unterschied zwischen nah und fern, Schlemihl vertickt alle Buchstaben des Alphabets an den ahnungslosen Ernie, die Kinder lauschen, und ihre Blicke folgen gebannt dem Rundlauf der Schallplatte – Mechanik rockt!

Konstantin und Papa sind zurück. Papa sieht aus wie Jack Nicholson in Polanskis *Chinatown*. Ein riesiges Pflaster verdeckt seine Nase, und rund ums linke Auge leuchtet es bläulich. „Nix gebrochen", näselt der Patient schicksalsergeben. Ängstlich sieht er sich nach dem bösen Wolf um. Clara ist zur Sicherheit der Weihnachtsgesellschaft am Heizkörper im Flur angeleint und hechelt Schleim aufs gute Holzparkett.

Mutter hat Lametta mitgebracht und bewirft unseren Weihnachtsbaum mit Silberfäden-Gedöns: „Ist doch viel festlicher so." Im Elternhaus waren zuletzt mein Bruder und ich zuständig für den Weihnachtsbaum, bildeten mit viel Hingabe das sogenannte Schmück-Team. Jedes Jahr plünderten wir die Weihnachtskartons im Keller, behängten den Baum nach strengen Überlegungen und einem jährlich wechselnden Farb- und Stil-Motto. Wichtig war es dabei, während des Schmückens zu sprechen wie Karl Lagerfeld: „Oh-non-non, mein Lieber, Stroh ist dieses Jahr aber so was von out!" – „Ah oui, mon cher! Wir brauchen dringend mehr von diesen faszinierenden Goldkugeln, allez, vite, vite!" Lametta hatte bei uns nie Saison, da waren wir uns einig: „Non, Monsieur, ich dulde kein Lametta, das ist ein absoluter Skandal, Lametta geht gar nicht!"

Dieses Jahr haben sich die Liebste und ich für einen zurückhaltend geschmückten Weihnachtsbaum im eigenen Heim entschieden. Mit viel Liebe zum Detail hat meine Frau nur ausgewählte Einzelstücke ins Tannengrün gehängt, der Baum überzeugt durch schlichte, reduzierte Eleganz. Jetzt nicht mehr. „Lametta ist ein Muss", erklärt Mutter und häuft weiter Silberstreifen aufs wehrlose Bäumchen. Die Liebste sieht mich mit hochgezogenen Augenbrauen an, ihre Lippen ein schmaler Strich, messerscharf. Ich drücke sie kurz, sie drückt mich weg. „Hasten Fehler gemacht?", fragt Bibo aus der Schallplatten-Ecke.

Nickend mache ich mich auf den Weg zurück in die Küche. Könnte sein.

Gleich ist die Gans fertig. Ich rolle Klöße und rühre mehr Gänseschmalz unter das glänzende Rotkraut. Konstantin besucht mich in der Küche, wir trinken ein Bier. „Schade, dass ihr kein Klavier habt", sagt Konstantin und lacht bei der Erinnerung an früher. Früher sind wir immer noch in die Kirche gegangen, eine Riesendiskussion, jedes Mal, am Ende sind dann doch alle mit, und zu Hause wurde dann noch gesungen, vor der Bescherung. Nina hat sich ans Klavier gesetzt, und den Eltern wurde ganz feierlich zumute, aber nur kurz, weil Konstantin und ich fanden, dass Weihnachtslieder viel dynamischer klingen, wenn man sie mit lustig verstellten Stimmen und im Duett singt. Ich gab den Johnny Cash, Konstantin näselte wie Bob Dylan, und Nina spielte auch gerne mal mit überhöhter Geschwindigkeit: A Technoversion of *Oh Tannenbaum*, featuring Johnny Cash and Bob Dylan.

Christgeschenk

von Johann Wolfgang von Goethe

Mein süßes Liebchen! Hier in Schachtelwänden
gar mannigfalt geformte Süßigkeiten.
Die Früchte sind es heil'ger Weihnachtszeiten,
gebackne nur, den Kindern auszuspenden!

Dir möcht ich dann mit süßem Redewenden
poetisch Zuckerbrot zum Fest bereiten;
allein was soll's mit solchen Eitelkeiten?
Weg den Versuch, mit Schmeichelei zu blenden!

Doch gibt es noch ein Süßes, das vom Innern
zum Innern spricht, genießbar in der Ferne,
das kann nur bis zu dir hinüberwehen.

Und fühlst du dann ein freundliches Erinnern,
als blinkten froh dir wohlbekannte Sterne,
wirst du die kleinste Gabe nicht verschmähen.

Wohin mit Karl-August?

von Regine Kölpin

Dieses Jahr soll auch Onkel Karl-August zum Weihnachtsfest kommen. Er ist 75 Jahre alt, lebt allein und Mutter ist der Ansicht, dass es unverantwortlich ist, ihn nicht einzuladen und ihn das Fest einsam verbringen zu lassen.

Ich bin davon alles andere als begeistert, mein Vater hat nur die Stirn gerunzelt.

Es ist ja nicht nur, dass mein Onkel äußerlich einem Walross auf Minimal-Diät gleicht und seine Stimme der des Meeressäugers recht nahekommt. Onkel Karl-August hat zudem eine Eigenart, die völlig abtörnt.

Er erzählt den ganzen Tag Witze. Natürlich jahreszeitlich oder wie zu Weihnachten ans Fest angepasst. Das ist zwar kein grundsätzliches Problem, aber leider sind die Dinger häufig nicht besonders lustig. Er aber lacht immer und am lautesten darüber. Kurzum: Man hört ihn schon von Weitem, wenn er prustend und grölend in die Nähe kommt. Dabei raucht er ständig Zigarren und verpestet die Luft.

Nun denn: Er wird das Fest mit uns verbringen und wir müssen es aushalten, denn es gibt wohl kein weibliches Pendant zu ihm, das ihn an diesen Tagen beschäftigen würde.

Aber Onkel Karl-August hat natürlich auch Vorzüge, sagt Mutter. Er meckert zum Beispiel nie übers Essen und er hat Geld... Mehr ist ihr aber auch nicht eingefallen.

Nun naht das Fest. Wir haben alles weihnachtlich mit Strohsternen und anderen Naturmaterialien geschmückt, denn Mutter mag keinen kitschigen Tand. Ein paar rote Schleifchen lockern das Ganze ein wenig auf. Aus allen Ecken duftet es verführerisch, denn Mutter backt fast täglich eine neue Sorte von Weihnachtskeksen. Überall stehen Schalen mit Orangen, die mit Nelken gespickt sind, an den Türen und der Treppe hängen Tannengestecke und Girlanden. In mir regt sich eine klammheimliche Vorfreude. Ich liebe Weihnachten und genieße es jedes Jahr. Auch mit Onkel Karl-August wird es schon gut gehen. Vielleicht kann Mutter ihn ja bitten, draußen zu rauchen. Ein frommer Wunsch, ich weiß das.

Einen Tag vor Weihnachten hält dann seine Karosserie vor unserem Haus. Natürlich besitzt mein Onkel einen SUV, woanders würde er ja nicht reinpassen.

Außer in einen Bus.

Ich höre ihn schon wieder lachen. Sein „Ha. Ha. Ha", ist nicht zu überhören. Da ihm noch keiner begegnet ist, muss er sich gerade selbst einen Witz erzählt haben. Mutter und ich öffnen ihm die Tür.

Natürlich hält mein Onkel die obligatorische Zigarre in der Hand. Er schlägt uns freundlich auf die Schultern und gibt uns ein Küsschen rechts und ein Küsschen links. Dann geht es gleich los: Onkel Karl-August schiebt sein Hemd ein Stück hoch und deutet auf seinen feisten Bauch.

„Gute Nachricht, meine Lieben. Ich bekomme endlich den obersten Knopf meiner Hose zu! Schlechte Nachricht: Habe sie leider nicht an. Ha. Ha. Ha."

Er kriegt sich kaum noch ein. Ich aber ahne, warum er nie eine Frau gefunden hat.

„Dann komm doch erst einmal rein, Karl-August", bittet Mutter ihn und gibt die Tür frei, damit er vorbeipasst.

Kurz darauf taucht mein Vater auf. Der ist zwar sein Bruder, aber allein optisch und mental das völlige Gegenteil von meinem Onkel. Dünn, humorlos und natürlich Nichtraucher. Sie stehen nun voreinander und mustern sich, als müssten sie das Revier ausloten.

„Könntest du die Zigarre bitte ausmachen?", fragt mein Vater dann auch als Erstes. „Wir sind ein Nichtraucherhaushalt."

Onkel Karl-August spitzt die Lippen und schmaucht. „Ha. Ha. Ha. Der gute Bernd. Noch immer ein Spielverderber vor dem Herrn und allem abgeneigt, was Freude macht. Ha. Ha. Ha." Er nimmt einen kräftigen Zug. „Bin ja zu Gast", sagt er, während er wunderschöne Kringel formt. Trotzdem muss ich husten. Dann grinst er mich an und stößt wieder sein lautes Lachen aus, was in einem Gewieher endet. „Kennst du den, Simmi? Da wünscht sich ein Mädchen zu Weihnachten ein Pony. ‚Gute Idee', sagt die Mutter. ‚Dann gehen wir gleich morgen zum Friseur!'" Und wieder schmeißt Onkel Karl-August sich fast weg.

Ich verziehe mein Gesicht leicht. „Für ein Pony bin ich schon zu alt, Onkel Karl-August. Ich bin 16, da wünscht man sich andere Sachen. Etwas wie Geld und so."

Mein Onkel schlägt sich lachend auf die Oberschenkel: „Da sagt die Oma zu ihrer Enkelin: ‚Du darfst dir zu Weihnachten ein Buch wünschen.' ‚Super', sagt sie. ‚Dann her mit deinem Sparbuch!'" Wieder kriegt er sich kaum noch ein. „Meine Weihnachtswitze heben echt die Stimmung! Muss ja nicht alles so bierernst sein, was?", sagt er. Und es folgt natürlich sein Ha. Ha. Ha.

Ich weiß wirklich nicht, wie ich diese Tage überstehen soll. Unser Haus stinkt, beim Essen bekomme ich nur noch das Reststück, weil sich Onkel Karl-August wild alles auf den Teller häuft. Dann seine blöden Witze – er kennt echt alle und könnte damit beim Supertalent auftreten. Mir klingeln die Ohren vor lauter Blondinen, die hoffen, dass das Weihnachtsfest nicht an einem Freitag, dem 13., stattfinden sollte, und dem Schotten, der seiner Frau die Scheidung nicht schenken will, weil sie zu teuer ist. Ich wusste wirklich nicht, dass es so viele Flachwitze über das Weihnachtsfest gibt. Onkel Karl-August belehrt uns alle eines Besseren und in der Nacht zum ersten Feiertag träume ich bereits davon.

‚Er muss endlich aufhören zu quatschen‘, denke ich, während sogar jetzt sein dröhnendes Gelächter zu mir herüberweht. Vielleicht bilde ich mir das auch nur ein, weil ich inzwischen einen Ohrwurm davon habe.

Nur was soll ich tun? Mein Onkel will noch eine ganze Woche bleiben und auch das Silvesterfest mit uns verbringen. Das würde ich nicht aushalten.

„Der Mann braucht echt eine Frau", stöhnt Mutter,

als ich ihr mein Leid klage und einen Keks stibitze. Ich glaube, sie bereut schon lange, ihn eingeladen zu haben, denn mit seinem gewaltigen Appetit ist er derweil auch ganz schön teuer. Mein Vater sitzt ohnehin nur noch mit sauertöpfischem Gesicht herum, schlimmer kann ein Weihnachtsfest nicht verlaufen. „Das mit der neuen Frau muss aber fix gehen, sonst gibt es bald Tote", sage ich und deute zu meinem Vater, der neben Onkel Karl-August im Wohnzimmer sitzt und dem nächsten Witz lauscht. Seiner Mimik nach interessiert er sich nicht so sehr für das Kind, was sich zum Fest einen Globus wünscht und dessen Vater der Ansicht ist, man könne auch zu Hause auf die Toilette gehen und bräuchte keinen Bus.

„Ich melde ihn bei einem Dating-Portal an. Er muss doch vermittelbar sein!", schlage ich schließlich entnervt und eher als Spaß vor.

Mutter nickt wider Erwarten begeistert. „Das machen wir! Dann wäre es das letzte Fest mit ihm, weil er im nächsten Jahr eine Frau hätte. Es gibt vermutlich keinen anderen Ausweg."

Wir fotografieren meinen Onkel heimlich, natürlich in seiner typischen Pose: den Kopf leicht zur Decke geneigt, die Zigarre zwischen den Fingerspitzen. Seine Diskussions- und Witzeerzählungshaltung.

Als Text wählen wir:

Ich bin ein stattlicher Mann, humorvoll und gebildet. (Schließlich kann er ja sämtliche Witze, was man weit gefasst als gebildet titulieren kann.) Ich suche eine Frau, die es nicht stört, wenn ich rauche, und die es mag, mit mir zu lachen. Natürlich bin ich gut situiert.

Wenn sonst nichts zieht, dann die Kohle. Ich lade alles in einem Portal hoch, und schon fünf Minuten später bekommen wir die ersten Angebote. Dass wir Onkel Karl-August als gut situiert bezeichnet haben, war sicher ein großer Vorteil, wenn man in seinem Alter und mit seinen ganzen Macken noch eine Frau sucht.

Am Ende entscheiden wir uns zwei Tage nach Weihnachten für Erna und laden sie zu uns ein. Es wird wirklich Zeit, denn mein Vater hat eine Art Hungerstreik begonnen, und das liegt ausnahmsweise nicht daran, dass ihm sein Bruder alles wegisst.

Wir haben Erna am Vortag von Silvester eingeladen. Dass sie zum Kaffee gleich ihre eigene Sahnetorte mitbringt, finde ich merkwürdig, mein Onkel aber ist begeistert. Noch haben wir ihm nicht gesagt, wo wir Erna aufgetrieben haben, aber das ist ihm angesichts ihrer durchaus voluminösen Erscheinung, der

Tatsache, dass sie backen kann, dem Essen nicht abgeneigt ist und zudem über ein ansehnliches Bankkonto verfügt, auch egal.

Als Erna den ersten Silvesterwitz erzählt und sich beide vor Lachen nicht mehr einkriegen, sind Mutter und ich sicher, die richtige Wahl getroffen zu haben. Kurzum: Wir werden meinen Onkel los. Schon am nächsten Tag reisen er und Erna zu ihm, um Silvester dort zu feiern.

„Da hab ich ja eine echte Witzerzählerin zu Weihnachten bekommen! Ha. Ha. Ha." Onkel Karl-August lacht noch, als er schon im Wagen sitzt und Erna sich danebenquetscht.

Mutter und ich sehen uns erleichtert an. Wir lüften das Haus, entzünden die Kerzen, erwärmen den Glühwein und tun so, als sei erst heute Weihnachten. „Nun haben wir eben noch einmal ein nachträgliches schönes Fest", seufzt Mutter wohlig. Sogar mein Vater lächelt.

Und ich sage: „O ja, mein größter Wunsch ist in Erfüllung gegangen. Kennt ihr den…?" Ich hole tief Luft – und nehme einen kräftigen Schluck Glühwein. Hauptsache, diese Erna lebt noch lange und sie vertragen sich. Dann bleibt Weihnachten für uns ein Fest.

Weihnachten ignorieren

von Martin Suter

Der Weihnachtsstress ist der einzige Stress, dem Bruno Strahl mit Erfolg entflieht. Seit Lara vierzehn und Remo dreizehn sind, mieten Strahls über Weihnachten eine Wohnung in den Bergen. Keine Verwandten, keine Verpflichtungen, keine Geschenke, alles völlig relaxed. Eine der wenigen familiären Leistungen, auf die Strahl etwas stolz ist. Obwohl er dazu nicht mehr beigetragen hat als sein Einverständnis. Die Idee stammt von Doris, die auch die Motivationsarbeit bei den Kindern geleistet und die Ferienwohnung gefunden hat.

Diesmal hat sich Strahl ganz besonders gefreut auf die stressfreien Tage in den Bergen. Ein langes Jahr voller kleiner Krisen und Beinahe-Katastrophen hat ihm zugesetzt, und die Vorzeichen für das nächste sind auch nicht gerade beruhigend. Er hat mit stiller Befriedigung die Schneeberichte verfolgt, die ihn auf ein absolutes Minimum an Wintersportaktivitäten hoffen lassen. Er wird ausschlafen, bis ihn die Langeweile aus den Federn treibt.

Am Freitagabend reisen sie an, am Samstag richten sie sich ein. Kurz vor Ladenschluss machen Doris und er die Einkäufe für das Wochenende. Auf dem Heimweg legen sie einen Zwischenhalt in der >Steinbock<-Bar ein, Cüpli-Time.

Das hätten sie lieber bleiben lassen. Denn kaum haben sie das zweite bestellt, knallt jemand den klobigen Anhänger seines Zimmerschlüssels neben Strahl auf den Tresen und sagt: „Das gibt's doch nicht!" Der Mann ist knapp fünfzig, trägt einen hellblauen, hautengen Rollkragenpullover mit Reißverschluss, hautenge Langlaufhosen mit Hosenträgern, heißt Hedlinger und ist Siblers rechte Hand. Es stellt sich heraus, dass er hier im >Steinbock< wohnt und auf seine Frau wartet, die kurz darauf auftaucht, etwas dicker als ihr Mann, aber ähnlich sportlich gekleidet. Als sie sich eine Stunde später verabschieden, hat Hedlinger die Cüpli bezahlt und sich für den Weihnachtstag zu einem Apero eingeladen. „Gesegnete, frohe Weihnachten", gibt er Strahls mit auf den Weg. „Wo bekommen wir jetzt einen Christbaum her?", fragt Strahl, kaum außer Hörweite. „Jetzt ist doch alles zu bis Dienstag."

Doris lacht, bis sie merkt, dass es ihm ernst ist. „Wenn Hedlinger mitbekommt, dass wir Weihnachten nicht feiern, kann ich den Marketingdirektor vergessen", behauptet er.

„Was hat denn das eine mit dem anderen zu tun?"

„Er wird mich bei Sibler als Konsumverweigerer anschwärzen. Kein ernst zu nehmender Konsumgüterhersteller befördert einen Konsumverweigerer zum Marketingdirektor."

„Jemand, der in seiner Ferienwohnung keinen Christbaum hat, ist doch noch lange kein Konsumverweigerer", wendet Doris ein. Aber schließlich begnügt sie sich damit, ihren Mann auf „etwas mit Tannenreis" herunterzuhandeln. Er könne ja die Tanne hinter dem Ferienchalet um zwei, drei Äste erleichtern.

Und während sie noch überlegen, wo sie den Christbaumschmuck hernehmen sollen, kommen sie an der Drogerie Caviezel vorbei. Vor der steht der meistfotografierte Christbaum des Dorfes.

Strahl schleicht sich kurz nach Mitternacht zur Drogerie. Er pflückt sich ein paar Kugeln, Girlanden, zwei Trompetenengelchen und ein Büschel Engelshaar von den reich geschmückten Ästen und wird dabei von den Dorfpolizisten Capeder und Danuser erwischt. Capeder, dessen Schwester unglücklicherweise die Frau von Caviezel ist, die ihren ganzen künstlerischen Ehrgeiz auf die jährliche Schmückung des Baums verwendet, ist nicht bereit, den Fall als Kavaliersdelikt eines beschwipsten Kurgastes abzutun. Er besteht auf einer vorläufigen Festnahme zur Überprüfung der Personalien.

Strahl hat die Ferienwohnung ohne Reisepass verlassen, und Capeder ist nicht bereit, seine Kreditkarten als Ausweis zu akzeptieren. Einer, der Christbaumschmuck klaue, schrecke auch vor Kreditkarten-Diebstählen nicht zurück.

Strahl lässt sich zum Satz „Wenn die hiesige Polizei nichts Gescheiteres zu tun hat: bitte sehr!" hinreißen und wird – nachdem man ihm die persönlichen Effekten, Gürtel und Schuhbändel abgenommen hat – erst einmal eine Stunde in einem Arrestraum festgehalten. „Weil alle gerade etwas Gescheiteres zu tun haben", wie sich der Gefreite Capeder ausdrückt. Es folgen ein umständliches Verhör und die Weigerung Capeders, Strahl einen Anruf zu gestatten. Verdunkelungsgefahr.

Als man ihm endlich erlaubt, Doris anzurufen, weiß er die Nummer nicht. Man gestattet ihm, im Telefonbuch nachzusehen, aber er weiß den Namen der Vermieterin nicht, Doris hatte sich um alles gekümmert. Alles, was er weiß, ist der Name des Chalets: etwas mit G.

Auf Strahls Vorschlag, Capeder hinzuführen, geht dieser nicht ein. Nicht bevor er wisse, wen er vor sich habe. Auf den Einwand, dass sich seine Frau furchtbare Sorgen mache, meint der Gefreite, dann wundere er sich, dass sie sich noch nicht gemeldet habe. Ein Gedanke, der Strahl auch schon gekommen ist. Erst morgens um halb vier wird Strahl auf freien Fuß gesetzt. Nachdem Capeder einen Zeugen aus dem Bett geholt hat, dessen Name und Telefonnummer er in Strahls Portemonnaie gefunden hatte. Dieser identifiziert ihn einwandfrei als Bruno Strahl. Beim Zeugen handelt es sich um Hedlinger, Siblers rechte Hand.

Der Rauswurf

von Hans Zippert

Das neue Jahr war noch keine 72 Stunden alt, da verlor ich die Nerven und warf ihn raus. Ich packte ihn ziemlich weit oben mit festem Griff, öffnete die Balkontür, und weil er sich verständlicherweise sträubte, beförderte ich ihn mit einem Fußtritt durch die Tür bis in den Garten, wo er reglos liegen blieb und heute noch liegt. Er macht keinen guten Eindruck, die Nachbarn gucken misstrauisch, und Passanten zeigen mit Fingern auf den starren Körper. Aber ich kann ihn da jetzt nicht wegschaffen und an die Straße schleifen, die Müllabfuhr holt bei uns erst in zwei Wochen die toten Weihnachtsbäume ab.

Viele Jahre führte ich ein zufriedenes, baumloses Leben. Meine Mutter und ich hatten einige Weihnachten lang die elektrische Lichterkette einfach auf den Boden gelegt und uns den Baum dazu gedacht. Kam billiger und sah nach einer Kunstinstallation aus. Die Lichterkette auf dem Boden war mein Protest gegen die ganze Konsumscheiße. Ich ließ mir die Haare lang wachsen und den Weihnachtsbaum weg. Irgendwann verzichteten wir sogar auf die Lichterkette, ich nahm nur noch den Umschlag mit dem Geld entgegen und überreichte meiner Mutter den obligatorischen Kriminalroman.

Weihnachten war eigentlich aus meinem Leben verschwunden, da wurde ich Vater eines Sohnes. Ich wusste nicht viel vom Vatersein, aber ich begriff: Das Kind braucht einen Baum. Das fühlte ich instinktiv. So wie bei der Mutter die Milch einschießt, erwacht im Vater der Baumkauftrieb. Das Kind war an seinem ersten Weihnachten sieben Monate alt und konnte kein Wort sprechen. Ich trug es auf den Armen und zeigte ihm den Baum, der auf einem Stuhl im Laufstall des Sohnes stand.

Zu Recht beklagt man heutzutage das Fehlen von Werten, Normen und Ritualen. Schon im Kindergarten erfahren die Kleinen, dass die Eltern die Geschenke bringen und dass es keinen Weihnachtsmann gibt. Ich aber glaube bis heute noch an das Christkind. Es muss einfach eine höhere, gewaltige Macht geben, die mich Jahr für Jahr in den Bescherungs- und Baumbeschaffungswahnsinn treibt. Mein Sohn ist inzwischen 22, ich habe also 23 Bäume beschafft. Einmal wartete ich zu lange, die Forstämter hatten geschlossen, die dänischen Weihnachtsbaumlager waren ausgeräumt, und ich fuhr schweißgebadet mit meiner Tochter durch den Taunus, auf der Jagd nach dem letzten Baum. Wir zogen schließlich einen aus dem Graben neben dem Oberurseler Forsthaus. Es war das klassische hässliche Bäumchen, das keiner haben will und dann zu Weihnachten seinen großen Auftritt hat.

Kein Mensch kann richtiges Weihnachten ohne Baum feiern. Ein Baum mit echten Kerzen, roten Kugeln, Strohsternen und ein paar Vögeln vom Waldorfschuladventsbasar in den Zweigen. Lametta nehmen nur Totalversager, damit kann man jeden Baummakel kaschieren. Lametta ist nichts anderes als Weihnachtsbaumverbandszeug.

Spätestens Ende November steigt jedes Jahr mein Adrenalinspiegel, und fixe Ideen ergreifen von mir Besitz. Werde ich den richtigen Baum finden? Wann ist der beste Zeitpunkt, wo soll man zuschlagen? Fichte, Kiefer, Douglasie? In den letzten Jahren gab es bei uns nur noch Nordmanntanne. Der Baum sieht tipptopp aus, doch der Name erweckt ungute Assoziationen. So muss jede Integration scheitern. Welcher Moslem kauft schon eine Nordmanntanne? Aber wäre Muselmanntanne die Alternative?

Rund um unser Forsthaus hatte man einen richtigen Baumschlagvergnügungspark aufgebaut. Mit Buden und Tischen und Bänken und Baumberatern. Dutzende von übermütigen Menschen kamen uns entgegen, sie trugen stolz ihre in einem weißen Netz verschnürte Trophäe nach Hause.

Warum sind wir so spät losgefahren? Die Tochter umklammert trotzig die Säge, aber man weist uns ab: Selbsteinschlag zu gefährlich, in der Schonung herrscht Glatteis. Also wühlten wir uns durch Haufen von unansehnlichen, vorgeschlagenen, also „precutted" Bäumen. Alle zu klein, zu groß, zu ausladend oder oben zu mickrig. Nach langem Suchen fanden wir dann doch den Baum, der auf uns gewartet hatte, und wie jedes Jahr stellte sich die Frage: „Riecht der?" „Die riechen alle", sagte der Forstamtsmann und erklärte uns, dass er und seine Kollegen zwölf Jahre an dem Baum gearbeitet hätten – dafür wären 50 Euro kein zu hoher Preis. Dreißig Kerzen passten drauf, wie immer der beste Baum, den wir je hatten. Insgesamt hat er zwölfmal gebrannt, also 360 Kerzen verbraucht und fünfzehn Liter Wasser. Es gab fünfmal heftigen Streit, 32 Kilo Geschenke und 120 000 überflüssige Kalorien. Am Morgen des 3. Januars stand ich lange vor dem Baum, hörte, wie seine Nadeln rieselten, und wusste: Einer von uns beiden muss verschwinden. Ich riss ihm seine militärischen Rang- und Ehrenabzeichen runter. Ich gab ihm nicht die Kugel, sondern nahm sie ihm weg und verpackte sie sorgfältig für seinen Nachfolger, und dann verpasste ich ihm den finalen Fußtritt. Ich hatte die Nase voll von ihm, obwohl er nach nichts roch. Der Baum hatte mich lange genug gegängelt und unter Druck gesetzt. Eigentlich war es Notwehr.

Quellen

Gitta Edelmann, Eine Weihnachts(mann)geschichte.
© bei der Autorin

Daniel Glattauer, Weihnachtskrisen.
Aus: Daniel Glattauer, Der Karpfenstreit oder:
Die schönsten Weihnachtskrisen.
© 2015 by Paul Zsolnay Verlag GmbH, Wien

Thomas Göthel, Die Plätzchenplage.
© beim Autor

Dieter Hildebrandt, Der Mohn ist ausgegangen – wie man
1945 Mohnkließla machte.
© bei Renate Hildebrandt

Wladimir Kaminer, Väterchen Frost.
© beim Autor

Erich Kästner, Felix holt Senf.
Aus: Das Schwein beim Frisör
© 1961 Atrium Verlag AG, Zürich

Regine Kölpin, Wohin mit Karl-August?.
© bei der Autorin